高等院校通识教育课程教材

写作与沟通

主　编　金　敏
副主编　张祥平　胡苗苗
编　委　金　敏　张祥平　胡苗苗　周文韬
冷翰林　张　培　姜　盼

WUHAN UNIVERSITY PRESS
武汉大学出版社

图书在版编目(CIP)数据

写作与沟通 / 金敏主编. -- 武汉 : 武汉大学出版社, 2025.8. -- 高等院校通识教育课程教材. -- ISBN 978-7-307-25063-5

Ⅰ.H152.3;C912.11

中国国家版本馆 CIP 数据核字第 2025H22Y79 号

责任编辑:程牧原　　责任校对:汪欣怡　　版式设计:马　佳

出版发行: **武汉大学出版社**　(430072　武昌　珞珈山)

(电子邮箱: cbs22@ whu.edu.cn　网址: www.wdp. com.cn)

印刷:武汉中远印务有限公司

开本:787×1092　1/16　印张:13.25　字数:294 千字　插页:2

版次:2025 年 8 月第 1 版　　2025 年 8 月第 1 次印刷

ISBN 978-7-307-25063-5　　定价:49. 00 元

前言

在当今信息爆炸、人际交往日益频繁的时代，写作与沟通的能力已成为个人立足社会、实现自我价值的必备技能。无论是职场中撰写方案、汇报工作，还是日常生活中与他人交流协作，清晰的表达、高效的沟通都是成功的关键要素。从商务谈判中的语言博弈，到社交平台上的文字互动，良好的写作与沟通能力不仅能帮助人们准确传递信息，更能有效建立人际关系、塑造个人形象。

在教育领域不断探索人才培养新模式的大背景下，写作与沟通课程的改革创新成为众多高校的共同选择。湖北商贸学院一直重视对学生写作能力的培养，建校之初就开设了“应用文写作”课程，曾为无数学习者打开了实用文书写作的大门，帮助大家掌握了各类应用文体的规范与技巧。然而，随着社会对人才综合素养要求的不断提高，单纯的应用文写作已难以满足实际需要。为了培养适应时代发展的复合型人才，“写作与沟通”课程应运而生，它不仅延续了应用文写作的实用性，更将沟通能力的培养融入其中，实现了从单一写作技能到综合表达能力培养的跨越。

本教材的编写，以“学以致用，知行合一”为核心理念，紧密围绕学习者在不同场景中的实际需求展开。在内容编排上，打破传统学科体系的束缚，以项目化教学为导向，精心设置了融入大学社交、投身社团活动、组织会议流程等八个项目模块。每个项目均包含写作任务与沟通任务两大板块，通过具体案例分析、任务驱动、实践演练等方式，引导学习者在“做中学，学中做”。同时，教材邀请了多位在写作与沟通领域具有丰富教学经验和实践经历的教师参与编写，将理论知识与实际案例紧密结合，确保内容的专业性与实用性。

通过本教材的系统学习，学习者将能掌握各类文体的写作规范与技巧，熟练运用沟通策略解决实际问题，真正实现写作与沟通能力的全面提升，为未来的学习、工作和生活奠定坚实的基础。

在本教材的编写过程中，我们参考借鉴了众多优秀的写作与沟通类教材、学术著作及研究成果，这些资料为教材的框架构建、内容填充提供了重要的启发与有力的支撑。在此，谨向相关成果的作者及研究者致以最诚挚的谢意！感谢他们在学术领域的深耕与分享，让我们得以站在巨人的肩膀上，完成这本教材的写作。

目 录

绪　论

一、应用文写作概述

(一)应用文的含义和分类

1. 含义

应用文是指人们在工作、学习和日常生活中，为处理各种实际事务而使用的具有明确实用目的、直接价值和一定格式的文书。它与文学作品不同，不以艺术性和审美性为主要目的，而是以实用性和针对性为核心特征。从广义来讲，但凡为适应实际需要、达成一定目的而撰写的文章，都可称作应用文。应用文广泛应用于政治、经济、文化等领域，像政府公文、企业合同、个人书信等都属其范畴。

2. 分类

应用文的种类繁多，根据不同标准，可以划分为不同类别。

(1)按使用范围分类。

①公务文书：用于国家机关、企事业单位和社会团体处理公务的文书。这类文书格式规范、语言庄重严谨，具有法定效力或指导作用。常见的有党政机关公文，如通知、通报、请示、批复、报告、函、会议纪要等；事务性公文，如计划、总结、会议记录、简报、调查报告等。

②私务文书：用于处理个人事务或日常生活的文书。这类文书格式相对灵活，语言风格亲切自然。常见的有书信类，如私人信件、求职信、申请书、感谢信、慰问信等；日常事务类，如请假条、借条、收条、倡议书、证明信等。

③商务文书：用于商业活动和经济交往的文书。这类文书注重法律效力，条款清晰，语言准确严谨。常见的有商务信函，如商务邀请函、商务回函、询价函、报价函等；合同类，如买卖合同、租赁合同、劳动合同、合作协议等；经济文书，如市场调研报告、商业计划书、项目可行性研究报告、财务报表等。

④科技文书：用于科学研究和技术领域的文书。这类文书语言专业性强，数据准确，逻辑严密。常见的有科研报告，如实验报告、科研项目结题报告等；技术文档，如

技术说明书、操作手册、技术标准等；学术论文，如学术研究报告、学位论文等。

⑤新闻文书：用于新闻报道和信息传播的文书。这类文书时效性强，强调客观真实，语言简洁生动。常见的有消息，如简讯、动态消息、综合消息等；通讯，如人物通讯、事件通讯、工作通讯等；评论，如社论、评论员文章、短评等。

⑥法律文书：用于法律事务和司法活动的文书。这类文书具有法律效力，语言严谨规范，逻辑性强。常见的有司法文书，如起诉状、判决书、裁定书、调解书等；法律事务文书，如授权委托书、律师函、法律意见书等。

(2)按功能分类。

①告知性应用文：用于告知信息、通知事项的文书。这类文书语言简洁明了，信息明确。常见的有通知、公告、通告、启事等。

②请求性应用文：用于请求帮助、批准或支持的文书。这类文书语气谦逊，表达清晰，有明确请求事项。常见的有申请书、请示、报告、求职信等。

③报告性应用文：用于汇报工作、反映情况的文书。这类文书内容真实，有理有据，结构清晰。常见的有工作报告、调查报告、总结、述职报告等。

④指导性应用文：用于指导工作、规范行为的文书。这类文书具有权威性，语言明确，指导性强。常见的有意见、决定、通知、条例、规定等。

⑤记录性应用文：用于记录事件、会议、活动的文书。这类文书强调真实、客观，记录详细。常见的有会议记录、会议纪要、笔记、日志等。

⑥契约性应用文：用于明确双方权利和义务的文书。这类文书条款明确，语言严谨，具有法律效力。常见的有合同、协议书、意向书等。

(3)按性质分类。

①正式应用文：具有法定效力或正式用途的文书。这类文书格式规范，语言严谨，具有权威性和法律效力。常见的有公文、法律文书、合同等。

②非正式应用文：用于日常交流或非正式场合的文书。这类文书格式灵活，语言亲切自然，一般不具有法定效力。常见的有私人信件、便条、感谢信等。

(4)按文体分类。

①记叙性应用文：以记叙为主要表达方式的文书。这类文书往往以时间或事件为线索，语言简洁。常见的有会议记录、日记、传记等。

②说明性应用文：以说明为主要表达方式的文书。这类文书语言准确，条理清晰，逻辑性强。常见的有说明书、操作手册、技术文档等。

③议论性应用文：以议论为主要表达方式的文书。这类文书观点明确，论证充分，语言严谨。常见的有一般评论、社论、学术论文等。

应用文的分类多种多样，不同的分类方式反映了其不同的使用场景和功能。在实际应用中，了解应用文的分类有助于我们根据具体需求选择合适的文书类型，从而更高效地完成任务。

(二)应用文的特点

1. 实用性

实用性是应用文的核心特点，其写作目的在于解决实际问题，满足工作、生活需求。不论是政府公文、企业合同还是个人书信，都有明确的实用价值。例如，商业计划书，目的是向投资者展示项目可行性与前景，吸引投资以推动项目开展，若无法解决实际问题，就失去了其存在的意义。

2. 真实性

真实性是应用文的生命，其内容必须真实可靠，不能虚构、夸张或歪曲事实。撰写时要以客观事实为依据，像撰写市场调查报告，须通过实地调查、数据分析等方式获取真实的市场信息，为企业决策提供可靠依据，否则会误导决策，给企业带来损失。

3. 规范性

各类应用文都有特定的格式和规范，这是在长期实践中形成的，具有强制性和通用性。以党政公文为例，标题、文号、主送机关等各部分都有固定位置和书写规范，遵守规范有助于内容清晰、准确，便于阅读、理解和处理。

4. 时效性

许多应用文有明确的时间要求，须在规定时间内完成和传递。例如，紧急通知要及时传达给相关人员，以便采取措施，否则会影响工作开展。而且随着时间推移，部分应用文内容会失去时效，须及时更新或作废。

5. 针对性

写作要针对特定对象、问题和目的。例如，求职信要针对特定招聘单位和职位，根据要求和职位特点突出自身优势特长，提高成功率，若泛泛而谈则难以引起招聘单位的兴趣。

(三)应用文的作用

1. 指导作用

应用文是党和国家方针政策、法律法规的具体体现，它能够对人们的行动起到指导作用。例如，政府发布的政策文件《关于进一步促进中小企业发展的若干意见》，其中明确提出了对中小企业的扶持政策，包括财政支持、税收优惠、融资担保等多个方面的具体措施。这类政策文件以应用文的形式下发，各级政府部门和相关企业可以依据文件中的指导内容，制定相应的实施计划和工作安排，确保政策能够有效落地。

2. 宣传作用

应用文可以用来宣传主张、传达信息，以影响和引导公众。例如，企业的宣传册就是一种典型的应用文。一家旅游公司制作的宣传册，通过精美的图片、生动的文字介绍当地的旅游景点、特色美食、住宿条件等信息，向广大潜在游客宣传旅游目的地的魅力。这种宣传册不仅能够吸引游客前来旅游，还能提升企业的知名度和品牌形象，起到很好的宣传效果。

3. 沟通作用

在现代社会，人们之间的联系日益紧密，应用文成了人们沟通交流的重要工具。无论是企业之间的商务函件，还是个人之间的书信，都承载着沟通信息、表达情感的功能。例如，一家公司与合作伙伴之间关于项目合作的往来函件，详细说明了项目的需求、进度安排、双方的权利和义务等内容。通过这些函件，双方能够及时沟通协调，确保项目的顺利进行。又如，亲朋好友之间在逢年过节时互相寄送的贺卡，虽然篇幅简短，却能传递浓浓的祝福之情，增进彼此之间的感情。

4. 凭证作用

许多应用文具有法律效力，可以作为处理事务、解决纠纷的凭证。例如，合同是经济活动中常见的应用文，它明确了双方当事人的权利和义务，一旦发生纠纷，合同就是解决争议的重要依据。

(四)应用文写作四要素

1. 主题

主题是应用文的核心和灵魂，它决定了文章的方向和价值。应用文的主题要求鲜明、集中、深刻。

(1)鲜明。

应用文的主题要明确无误，让读者一目了然。例如，一份求职信，主题就是要表达自己对某个职位的求职意向，并突出自己适合该职位的优势。在信的开头就可以直接点明“我应聘贵公司的软件工程师一职”，这样招聘人员能够迅速了解写信的目的。

(2)集中。

一篇应用文只能有一个中心主题，所有的内容都要围绕这个主题展开。例如，一份市场调研报告，主题是关于某品牌手机在大学生市场的销售情况分析。那么报告中的内容就应该包括大学生对该品牌手机的认知度、购买意愿、使用评价等方面，不能夹杂其他无关的内容，如手机的生产流程等。

(3)深刻。

主题要能够深入挖掘事物的本质，揭示问题的关键。例如，一份关于环境污染问题的调查报告，不能仅仅停留在描述污染现象的表面，而要深入分析造成污染的原因，如工业排放、汽车尾气、生活垃圾处理不当等因素，并提出切实可行的解决方案，如加强环保监管、推广新能源汽车、完善垃圾分类制度等，从而使主题更加深刻。

2. 材料

材料是应用文的血肉，是表达主题的依据。应用文的材料要求真实、典型、新颖。

(1)真实。

应用文的材料必须是真实存在的，不能虚构或夸大。例如，一份新闻报道，关于某地发生的一起交通事故，报道中的事故时间、地点、伤亡人数、事故原因等信息都必须经过核实，确保真实可靠。如果材料失实，不仅会误导读者，还可能需要承担相应的法律责任。

(2)典型。

材料要具有代表性，能够突出主题。例如，一份关于优秀教师事迹的总结报告，选取的材料应该能够体现该教师高尚的师德、精湛的教学技艺和显著的教学成果，如教师如何关爱学生，如何创新教学方法提高学生学习兴趣，所教班级学生的成绩提升情况等，这些典型材料能让报告更加生动、有说服力。

(3)新颖。

材料要新颖独特，能够吸引读者的注意力。例如，一份产品推广文案，如果使用传统的、陈旧的材料，如产品的基本功能介绍，可能很难引起消费者的兴趣，但如果能够挖掘产品的创新点，如采用了新的材料、具有独特的个性化设计等，就能够激发消费者的购买欲望。

3. 结构

结构是应用文的框架和布局，它体现了文章的逻辑性和条理性。应用文的结构要求严谨、合理、清晰。

(1)严谨。

应用文的结构要严密，各部分之间相互衔接、相互呼应，不能出现逻辑混乱或前后矛盾的情况。例如，一份工作报告，开头提出了工作目标，中间部分详细阐述了工作措施和实施过程，结尾部分对工作成果进行总结，并对下一步工作提出展望，整个结构严谨，各部分内容紧密相连，形成一个有机的整体。

(2)合理。

应用文的结构要符合应用文的类型和写作目的。不同的应用文有不同的结构形式，如通知一般采用分条列项的结构，将通知的事项清晰地列出；而演讲稿则通常采用开头提出主题、中间展开论述、结尾总结升华的结构。同时，结构的安排还要根据写作目的来确定，如一份商务谈判方案，重点要突出谈判的目标、策略和程序等内容，其他次要内容可以简要说明。

(3)清晰。

应用文的结构要层次分明、条理清晰，方便读者阅读和理解。例如，一篇学术论文，通常采用绪论、本论、结论的三段式结构，在本论部分又按照逻辑关系分为若干章节，每章节都有明确的小标题，使读者能够快速了解文章的结构和主要内容。

4. 语言

语言是应用文的表达形式，它直接影响到文章的质量和效果。应用文的语言要求准确、简洁、朴实、得体。

(1)准确。

应用文的语言要准确无误，避免使用模糊、有歧义的词语和句子。例如，在法律文书中，对于法律条款的引用和表述必须准确，不能有丝毫的偏差。如“根据《中华人民共和国合同法》第×条规定，合同双方当事人应当……”这样的表述清晰明确，能够确保法律文书的严肃性和权威性。

(2)简洁。

应用文的语言要简洁明了，避免冗长和烦琐。例如，一份商务函件，开头可以直接说明写信的目的，如“我公司现向贵公司订购一批货物，具体事项如下”，然后简要列出货物的名称、规格、数量、价格等信息，结尾可以简要说明希望得到回复的时间和方式。整个函件应语言简洁，重点突出，便于对方快速了解和处理。

(3)朴实。

应用文的语言要朴实自然，避免华丽的辞藻和夸张的修辞手法。例如，一份工作总结，应该用平实的语言客观地总结工作成绩和不足，如“在过去的一年里，我完成了×个项目，取得了较好的业绩，但也存在一些问题，如项目进度控制不够严格等”，这样的语言朴实无华，却能够真实地反映工作情况。

(4)得体。

应用文的语言要根据不同的受众和场合，选择合适的语气和措辞。例如，在给上级领导的报告中，语言要恭敬、严谨，如“尊敬的领导：现将我部门关于×项目的进展情况向您汇报如下，恳请您审阅并给予指示”；而在给同事的便条中，语言则可以更加亲切、随意，如“××：麻烦你将文件送到我办公室，谢谢”。

(五)应用文写作技巧

1. 明确写作目的

动笔前明确写作目的，才能确定主题、内容和结构。比如写请示，目的是请求上级批准事项，就要详细说明具体事项、原因和依据，争取上级支持。

2. 了解读者需求

不同读者对应用文内容和形式的要求不同，写作时要根据读者的特点和需求，选择合适的语言、表达方式和格式。给上级领导写报告，语言要简洁庄重；给普通员工写通知，语言要通俗易懂。

3. 精心组织材料

收集材料时要广泛全面，确保真实可靠。组织材料时要根据主题和结构进行筛选、分类、整理，让材料具有逻辑性和连贯性。写工作总结时，要将成绩、经验、问题等分类整理，按序阐述，让读者了解工作全貌。

4. 合理安排结构

应用文的一般结构包括开头、主体和结尾。开头介绍背景、目的；主体阐述问题，分析原因，提出方案；结尾总结概括，提出希望要求。安排结构要层次分明、逻辑严密，使内容有序展开。

5. 准确使用语言

语言要简洁明了，准确规范，庄重得体。要避免使用模糊含混的语言，应用通俗易懂的词汇和句式，注意语言规范性，避免错别字、语病和标点错误。写公文时要用规范公文用语，如“特此通知”“妥否，请批示”等。

6. 认真校对修改

完成初稿后要认真校对修改，检查内容、结构、语言、格式等方面的问题。仔细阅读、逐字推敲，发现问题及时修改，也可请他人审阅，从不同角度提出意见，完善文章。

二、沟通概述

(一)沟通的含义和分类

1. 沟通的含义

沟通是人类社会中不可或缺的活动，它是指通过语言、文字、符号、表情、肢体动作等，将信息从发送者传递到接收者的过程。沟通的核心是信息的传递与理解，其目的是让信息接收者能够准确地理解发送者所传达的内容，从而实现信息共享、思想交流、情感表达和行为协调。在日常生活中，无论是个人与个人之间的交流，还是组织与组织之间的合作，都离不开沟通。朋友之间的聊天、同事之间的协作、企业与客户之间的沟通等，都是沟通的具体体现。沟通不仅能够帮助我们获取知识、了解他人的想法和需求，还能增进人际关系、促进团队合作，从而推动社会的发展。

从心理学的角度来看，沟通是人与人之间建立联系、满足彼此心理需求的重要方式。人们通过沟通表达自己的情感、态度和价值观，同时也能够感受到他人的关心、支持和理解。有效的沟通能够增强个体的自信心和归属感，促进心理健康。

从社会学的角度来看，沟通是社会运行的基础。社会是由无数个体组成的复杂系统，而沟通则是个体之间相互作用、相互影响的桥梁。通过沟通，人们可以传递社会规范、文化价值观和行为准则，从而维持社会的秩序和稳定。无论是法律的制定和宣传、政策的推行，还是文化的传承等，都离不开沟通。

现代沟通理论中，完整的沟通应包含以下要素：

(1)发送者：信息的发起方。

(2)接收者：信息的接受方。

(3)信息：传递的内容(包括事实、观点、情感等)。

(4)媒介：信息传递的渠道(如语言、文字、肢体动作等)。

(5)反馈：接收者对信息的回应。

(6)情境：沟通发生的背景与环境。

2. 沟通的分类

根据不同的标准，沟通可分为以下几类：

(1)按沟通方式分类。

第一，语言沟通。这是最常见、最直接的沟通方式，它包括口头语言沟通和书面语言沟通。口头语言沟通具有即时性、互动性强的特点，能够快速地传递信息，并且可以根据对方的反馈及时调整沟通内容和方式。面对面的交谈、电话交流、视频会议等都属于口头语言沟通。书面语言沟通则具有记录性、持久性和规范性的特点，它能够将信息以文字的形式保存下来，便于查阅和传播。例如，书信、报告、通知、电子邮件等都属于书面语言沟通。语言沟通的优点是能够准确地表达复杂的思想和概念，但也存在一些局限性，如语言的歧义、文化差异对语言理解的影响等。

第二，非语言沟通。这是指通过非语言符号系统来传递信息的沟通方式，包括表情、眼神、肢体动作、姿态、空间距离、声音的音调和音量等。非语言沟通在人际交往中起着重要的补充和强化作用。心理学研究显示，人际沟通中约70%的信息通过非语言方式传递。例如，微笑可以传递友好和欢迎的信息，眼神的交流可以表达关注和理解，双臂交叉可能暗示防御心理。非语言沟通的优点是能够传递情感和态度，增强沟通的真实性和感染力，但它也容易受到主观因素的影响，有时可能会产生误解。

(2)按沟通方向分类。

第一，上行沟通。这是指从组织的下层向上层传递信息的过程。这种沟通方式能够让上级了解下级的工作情况、意见和建议，从而更好地进行决策和管理。员工向上级汇报工作进展、提出问题和建议等都属于上行沟通。上行沟通的关键在于信息的真实性和及时性，下级要勇于表达自己的想法，上级则要善于倾听和接纳。

第二，下行沟通。这是指从组织的上层向下层传递信息的过程。这种沟通方式能够让下级了解组织的目标、政策和任务要求，从而更好地执行工作。上级向下级传达工作指令、通知、政策等都属于下行沟通。下行沟通的关键在于信息的准确性和清晰性，上级需要确保信息能够被下级准确理解，避免误解和偏差。

第三，平行沟通。这是指组织内部同级之间或不同部门之间的信息传递过程。这种沟通方式能够促进部门之间的协作和交流，提高工作效率。例如，不同部门之间的业务协作、信息共享等都属于平行沟通。平行沟通的关键在于建立良好的合作关系和沟通渠道，避免部门之间的隔阂和冲突。

(3)按沟通渠道分类。

第一，正式沟通。这是指通过组织规定的渠道进行的沟通。这种沟通方式具有规范性、正式性和权威性的特点，通常用于传递重要的信息和决策。会议、报告、文件、通知等都属于正式沟通的渠道。正式沟通的优点是能够保证信息的准确性和严肃性，但也可能存在沟通效率较低、信息传递不及时等问题。

第二，非正式沟通。这是指在正式沟通渠道之外进行的沟通。这种沟通方式具有随意性、灵活性和快速性的特点，通常用于传递非正式的信息和情感交流。例如，员工之间的闲聊、聚会、网络传播等都属于非正式沟通。非正式沟通的优点是能够增强人际关系和团队凝聚力，但也可能存在信息失真、传播谣言等问题。

(二)沟通的特点

1. 互动性

沟通是一个双向的、动态的过程，发送者和接收者之间不断地进行信息的传递和反馈。在沟通过程中，发送者将信息传递给接收者，接收者接收到信息后会进行理解和处理，并通过反馈的方式将信息传递回发送者。这种互动性使得沟通能够不断地调整和优化，以达到更好的效果。例如，在一场演讲中，演讲者通过观察听众的表情和反应，及时调整演讲的内容和方式，而听众则通过提问、点头等方式给予反馈，这种互动的过程使得演讲更加生动和有效。

2. 目的性

沟通总是带有明确的目的，无论是传递信息、解决问题、建立关系，还是影响他人。在沟通之前，我们需要明确自己的沟通目标，这样才能选择合适的沟通方式和内容，有效地实现沟通的目的。例如，一个销售人员与客户沟通的目的是推销产品，他需要根据客户的需求和特点，选择合适的产品信息和沟通策略，以说服客户购买产品。一个团队成员与同事沟通的目的是协作完成任务，他需要清楚地表达自己的想法和建议，同时倾听同事的意见，以达成共识和合作。

3. 情境性

沟通总是发生在特定的情境中，包括时间、地点、人物、文化背景、社会关系等因素。这些情境因素会对沟通产生重要影响，沟通的内容和方式需要根据情境进行调整。例如，在正式的商务场合中，沟通的语言和行为需要符合礼仪规范，而在朋友聚会中，沟通则可以更加随意和轻松。在跨文化沟通中，需要考虑文化差异对沟通的影响，避免因文化误解而产生冲突。在不同的社会关系中，沟通方式也会有所不同，例如，与上级沟通需要尊重和谨慎，与下级沟通则需要鼓励和支持。

4. 复杂性

沟通是一个复杂的系统，涉及多个因素和环节。在沟通过程中，信息传递易受语言障碍、文化差异、心理因素、环境因素等影响，导致信息失真、误解或传递失败，影响沟通效果。例如，语言的歧义可能会使接收者误解发送者的意思，文化差异可能会导致沟通方式和价值观的冲突，心理因素如情绪、偏见等，也会影响沟通的顺畅性。因此，沟通需要具备一定的技巧和策略，以克服这些复杂性，确保沟通的有效性。

5. 情感性

沟通不仅仅是信息的传递，还包含了情感的交流。人们在沟通中不仅关注信息的内容，还会关注对方的情感态度和情绪反应。情感的表达和理解能够增强沟通的真实性和感染力，促进人际关系的发展。例如，一个关心的问候、一个鼓励的眼神、一个温暖的微笑，都能够传递情感，让对方感受到关怀和支持。同时，情绪的管理也非常重要，积极的情绪能够促进沟通的顺利进行，而消极的情绪则可能导致沟通的中断或冲突。

6. 文化性

沟通具有显著的文化性，因为它本身就是文化的一部分，同时也受到文化的影响。文化是沟通的土壤，它决定了人们在沟通中的行为模式、语言风格和价值取向。例如，中国文化强调和谐与集体主义，沟通方式往往含蓄、委婉，注重维护人际关系的和谐；而西方文化更倾向于个人主义，沟通风格直接、明确，注重表达个人意见。

文化差异还体现在非语言沟通中。例如，在日本文化中，沉默和点头是表达理解和尊重的方式，而在某些西方文化中，直接的口头回应被视为更有效的沟通方式。此外，文化中的价值观、礼仪和习俗也会影响沟通的效果。例如，中国文化中“面子”的重要性使得人们在沟通中会尽力避免直接批评他人，而是采用委婉的方式表达意见。

(三)沟通的技巧

1. 倾听技巧

倾听是沟通中最重要的技巧之一，它不仅仅是指用耳朵听，更是一种用心去感受和理解的过程。有效的倾听能够帮助我们更好地理解对方的想法和需求，增强人际关系，提高沟通的效果。

(1)专注。

在倾听时，要全神贯注地关注对方，避免分心或打断对方。要保持眼神接触，用肢体语言如点头、微笑等表示关注和理解。例如，在与他人交谈时，不要一边听一边看手机或其他事物，这样会让对方感到不被尊重和重视。

(2)理解。

要努力理解对方的观点和感受，即使与自己的想法不同，也要保持开放的心态，尊重对方的意见。可以通过提问、重复对方的话等方式，确认自己是否正确理解了对方的意思。例如，当对方表达一个复杂的想法时，可以说“您的意思是……是这样吗?”以确保自己没有误解。

(3)积极反馈。

在倾听过程中，要给予对方积极的反馈，让对方知道你在认真倾听。反馈既可以是语言的，如“我明白了”“你说得很有道理”等，也可以是非语言的，如点头、微笑等。积极的反馈能够增强对方的自信心和表达欲望，促进沟通的深入进行。

2. 表达技巧

表达是沟通中一个非常重要的因素，包括语言表达和非语言表达。有效的表达能够清晰、准确地传递信息，让对方更好地理解自己的想法和意图。

(1)清晰表达。

在表达时，要尽量使用简洁、清晰的语言，避免使用复杂、模糊的词汇和句子结构。要将信息组织得有条理，按照一定的逻辑顺序进行表达，使对方容易理解和接受。例如，在汇报工作时，可以按照时间顺序或重要性顺序，将工作内容和成果清晰呈现出来。

(2)适应性表达。

要根据不同的沟通对象和情境，选择合适的表达方式和语言风格。在正式场合中，语言要规范、严谨；在非正式场合中，语言可以更加随意、幽默。同时，要根据对方的文化背景、知识水平和兴趣爱好，调整表达的内容和方式。例如，与专业人士沟通时，可以使用专业术语；与普通大众沟通时，则需要使用通俗易懂的语言。

(3)情感表达。

在表达过程中，要注重情感的传递，让对方感受到自己的真诚和热情。我们不仅能借助语气的抑扬、语调的起伏以及语速的快慢来精准传达情感，还可以巧妙运用丰富的肢体语言，比如生动的表情、恰当的手势等，进一步增强情感的感染力。例如，在表达感谢时，可以用温暖的语气和真诚的眼神，让对方感受到自己的感激之情。

3. 反馈技巧

反馈是沟通中不可或缺的一部分，它能够帮助发送者了解信息是否被正确理解和接受，也能让接收者知道自己的想法和意见是否被重视。有效的反馈能够促进沟通的持续改进和发展。

(1)及时反馈。

在沟通过程中，要及时给予对方反馈，让对方知道自己的反应和想法。反馈越及时，沟通的效果越好。例如，在会议中，当有人提出一个建议时，要及时给予回应，表示自己的支持或提出自己的看法。

(2)具体反馈。

在给予反馈时，应做到具体且明确，精准指出对方的优点和不足，避免使用模糊、笼统的评价方式。具体的反馈如同清晰的导航，能够让对方清楚地了解自己的表现，从而更好地改进和提高。例如，在评价一个员工的工作时，可以说："你在项目中对数据的分析非常准确，但在时间管理上还需要进一步提高。"

(3)建设性反馈。

反馈要具有建设性，以帮助对方改进和提高为目的，而不能一味批评和指责。即便要指出对方的不足之处，也要用积极、鼓励的方式，提出具体的改进建议。例如，在指出一个同事的错误时，可以说："这个方案的思路很好，但在细节上还需要进一步完善，你可以尝试……"

4. 非语言沟通技巧

非语言沟通在沟通中起着重要的补充和强化作用，它能够传递情感、态度和真实意图，增强沟通的效果。

(1)表情管理。

表情作为情感的直观呈现，是我们表达内心世界的重要工具。我们要善于利用丰富的表情来传达自身的情感与态度。微笑可以传递友好和欢迎的信息，而严肃的表情则可以表达认真和重视的态度。同时，要注意观察对方的表情变化，了解对方的情感反应。例如，在与客户沟通时，始终保持自然且亲切的微笑，能够营造出轻松愉悦的沟通氛围，有助于与客户建立起更加融洽的合作关系。

(2)肢体语言运用。

肢体语言包括手势、姿态、动作等，在沟通时，要善于运用肢体语言来增强语言的表达效果。例如，用手势来强调重点，用点头表示同意，用身体的前倾表示关注和兴趣。同时，要注意避免一些不恰当的肢体语言，如频繁地看表、交叉双臂等，这些可能会传递出不耐烦或拒绝的信息。

(3)空间距离控制。

空间距离在沟通中具有重要的意义，不同的距离设置可以传递不同的信息。亲密距离(45 厘米以内)只适合那些处于亲密关系中的人进行沟通交流，个人距离(45 厘米至 1.2 米)适合朋友和同事之间沟通，社交距离(1.2 米至 3.6 米)适合正式场合和陌生人的沟通，公共距离(3.6 米以上)适合演讲和报告等场合。要根据沟通的对象和情境，选择合适的空间距离，以营造良好的沟通氛围。例如，在与陌生人的沟通中，保持一定的社交距离可以避免让对方感到不适。

5. 冲突解决技巧

在沟通中，冲突是不可避免的，但通过有效的沟通技巧，可以化解冲突，促进合作。

(1)冷静对待。

当冲突发生时，首先要保持冷静，避免情绪化的反应。情绪的激动往往会加剧冲突，而冷静的思考可以帮助我们更好地分析问题和解决问题。例如，在与他人发生争执时，先深呼吸，平复情绪，再与对方进行沟通。

(2)换位思考。

要尝试从对方的角度去看待问题，理解对方的想法和感受。换位思考能够帮助我们减少误解和偏见，找到问题的根源。例如，在与同事发生分歧时，可以想一想："如果我是他，我会怎么想?"这样能够更好地理解对方的观点，从而找到解决问题的方法。

(3)寻求共识。

在冲突解决的过程中，要注重寻求共识，找到双方都能接受的解决方案。通过沟通和协商，找出共同的利益和目标，以合作的方式解决问题。例如，在团队中出现意见分歧时，可以通过讨论和交流，找到大家共同的目标，然后制定一个既能满足团队利益，又能兼顾个人利益的方案。

6. 跨文化沟通技巧

在全球化的背景下，跨文化沟通越来越频繁，但文化差异可能会给沟通带来障碍。掌握跨文化沟通技巧，能够帮助我们更好地与不同文化背景下的人进行合作。

(1)了解文化差异。

在跨文化沟通之前，要了解不同文化在价值观、思维方式、沟通模式及礼仪规范等方面的差异。例如，北美等地区的文化更重视个人自主性，倾向于采用直接明确的表达方式和结构化思维；而东亚等地区的文化往往更强调群体协作，在沟通中更注重语境化表达与人际关系维护。了解这些文化特质的差异，可以帮助我们更好地适应不同的沟通风格，避免文化冲突。

(2)尊重文化差异。

在跨文化沟通中，要尊重对方的文化背景和习惯，避免用自己的文化标准去评判对方。尊重是跨文化沟通的基础，只有尊重对方的文化，才能赢得对方的尊重和信任。例如，在与不同文化背景的人交往时，要尊重他们的礼仪习惯，避免做出可能被视为不礼貌的行为。

(3)灵活适应。

要根据不同的文化背景，灵活调整自己的沟通方式和行为。在跨文化沟通中，没有固定的模式和规则，需要根据具体情况，选择合适的沟通策略。例如，在与西方人沟通时，可以更加直接和坦率；在与东方人沟通时，则要更加注重对关系的维护和情感的表达。灵活适应不同文化的特点，我们才能更有效地达成跨文化沟通的预期效果。

项目一
融入大学社交

第一节 写作任务：制订沟通学习计划

情境导入

在大学生活的起跑线上，大一新生们怀揣着对未来的憧憬和对知识的渴望，开启了人生新的篇章。然而，面对全新的学习环境、丰富多彩的社团活动，以及来自五湖四海、性格各异的同学，许多新生可能会感到迷茫和不适应。尤其是沟通能力的不足，可能会成为他们在大学生活中的一大挑战。

例如，小李是一名刚刚踏入大学校园的大一新生。在高中时，他学习成绩优异，但在人际交往方面并不擅长。进入大学后，他发现自己需要与来自各地的同学合作完成小组作业，需要在课堂上积极发言表达自己的观点，还需要在社团活动中与他人沟通协调。然而，由于缺乏系统的沟通技巧训练，他在与人交流时常常会莫名紧张，无从下手。他逐渐意识到，提升沟通能力不仅能让他在大学里更好地融入集体，还会为他未来的职业发展打下坚实的基础。于是，小李决定制订一个沟通学习计划，通过系统学习与实践提升沟通能力。那么，怎样制订科学可行的沟通学习计划呢？本章将详细指导你在大学生活中快速提升沟通能力，以更好适应新环境，为未来的发展筑牢根基。

一、理论讲解

（一）计划的含义及分类

1. 计划的含义

计划是对未来一段时间内需要完成的任务、目标以及实现目标的方法和步骤的预先安排。它是一种前瞻性的工作，旨在帮助我们明确方向、合理分配资源、提高效率，并减少不确定性和风险。

2. 计划的分类

根据不同的标准，计划可以分为多种类型：

(1)按时间跨度分类。

①长期计划：通常指时间跨度在一年以上的计划，如五年职业发展规划。

②中期计划：时间跨度一般为几个月到一年，如季度学习计划。

③短期计划：时间跨度较短，通常为一周到一个月，如周学习计划。

(2)按内容分类。

①学习计划：针对知识和技能的学习进行安排，如语言学习计划、沟通技能提升计划。

②工作计划：针对工作任务和目标进行安排，如项目计划、月度工作计划。

③生活计划：针对日常生活活动进行安排，如健身计划、旅行计划。

(3)按形式分类。

①正式计划：以书面形式呈现，具有明确的目标、步骤和时间安排，通常用于组织或团队。

②非正式计划：较为灵活，可能仅以口头或简单笔记的形式存在，通常用于个人。

(二)计划的特点

1. 目的性

计划的拟定是为了实现特定的目标。无论是个人的学习目标、工作目标，还是组织的发展目标，计划都必须围绕这些目标展开，确保每一步都朝着目标前进。

2. 预见性

计划是对未来工作的预先安排，需要对可能出现的情况进行预测和分析。通过提前规划，可以更好地应对各种变化，从而减少不确定性带来的风险。

3. 可行性

计划必须基于现实情况，考虑资源、时间和能力等因素。一个不切实际的计划不仅难以执行，还可能导致资源浪费，使得预先设定的目标最终无法达成。

4. 灵活性

尽管计划本质上是对未来工作的预先安排，但实际情况却充满变数，随时可能偏离预期轨道。因此，计划需要具备一定的灵活性，能够根据实际情况的变化进行调整和优化。

5. 指导性

计划是行动的指南，应为执行者提供明确的方向和方法。通过计划，我们能够更好地组织资源、协调行动，从而确保目标的实现。

二、写作方法

(一)计划的结构

一个完整的计划通常包括以下几个部分：

1. 标题

标题是计划的名称，应简洁明了，能够准确反映计划的内容。例如“沟通学习计划”“2024 年沟通能力提升计划”等。

2. 前言

前言部分主要说明制订计划的背景、目的和意义。通过前言，读者能够快速了解计划的背景和重要性。例如，“随着职场竞争的加剧，沟通能力已成为个人职业发展的关键因素。为了提升自己的沟通能力，更好地适应工作环境，特制订本沟通学习计划”。

3. 目标

目标作为计划的核心要素，界定了计划实施后要达成的具体成果。在设定目标时，需遵循 SMART 原则，即目标应具备明确性（Specific）、可衡量性（Measurable）、可实现性（Achievable）、相关性（Relevant）和时限性（Time-bound）。以下是对这五个特性的详细阐释：

（1）明确性。

目标的表述必须清晰明确，避免语义模糊。例如，相较“提升沟通能力”这一宽泛的表述，“能够清晰地表达自己的观点，并有效倾听他人意见”这样的目标更加具体，能让执行者清楚知道努力的方向。

（2）可衡量性。

目标应有明确的衡量标准，便于评估进度。如“每月至少进行一次公开演讲，并获得听众的积极反馈”，这就为目标的达成与否提供了可量化的参考依据。

（3）可实现性。

目标的设定要充分考虑现实情况，既不能过高，让执行者即使付出巨大努力也难以企及，也不能过低，失去目标应有的激励作用。要确保目标通过合理的努力，是可以实现的。

（4）相关性。

单个的目标应与个人或组织的整体目标相关联，确保计划的实施能够对整体发展产生积极的推动作用。

（5）时限性。

为目标设定明确的时间限制至关重要，这有助于合理安排时间和资源。例如，“在三个月内提升沟通能力”比“提升沟通能力”更具可操作性，因为明确的时间节点能让执行者更有紧迫感，合理规划行动步骤。

4. 内容

内容是计划的具体实施步骤，涵盖任务分解、时间安排、资源分配等方面。此部分应详细阐述每一步的具体内容和操作方法，以保障计划具有高度的可操作性。

（1）任务分解。

将目标拆解为若干具体的任务。以“学习沟通技巧”这一目标为例，可将其进一步分解为“学习倾听技巧”“学习表达技巧”“学习非语言沟通技巧”等具体任务。

(2)时间安排。

为每个分解后的任务合理分配时间。例如，可制定“每周投入 2 小时学习倾听技巧，每月开展一次模拟沟通练习”的时间规划。合理的时间安排有助于执行者有条不紊地推进各项任务。

(3)资源分配。

明确完成各项任务所需的资源，这些资源包括但不限于书籍、培训课程、导师指导等。例如，为了学习沟通技巧，可以购买《沟通的艺术》一书作为学习资料，同时参加线上沟通技巧培训课程。清晰的资源分配方案能够确保计划执行者及时获取所需的支持和帮助。

5. 评估与调整

计划的实施过程中需要定期评估进度，及时发现问题并作出调整。评估与调整是确保计划顺利实施的重要环节。

(1)评估周期。

设定定期评估的时间节点，如每周或每月进行一次自我评估。规律的评估周期有助于执行者及时掌握计划的执行情况，避免问题积累。

(2)评估标准。

应依据目标所设定的衡量标准开展评估工作。例如，检查“是否完成了预定的学习任务”，以及判断“沟通能力是否有所提升”等。明确的评估标准能够保证评估结果的客观性和准确性。

(3)调整方法。

根据评估结果，对计划进行灵活调整。例如，如果发现学习进度滞后，可以适当增加学习时间，或者对学习方法进行优化。及时有效的调整能够使计划更好地适应实际情况，提高计划的可行性和有效性。

6. 结尾

结尾部分可以总结计划的重点内容，强调计划的执行意义，并表达对计划顺利实施的信心。例如，“通过以上沟通学习计划的实施，我相信自己的沟通能力将得到显著提升，为个人的职业发展奠定坚实的基础”。

(二)计划的写作要求

1. 明确目标

计划的目标应清晰明确，杜绝模糊和含混。目标是计划的核心要素，只有明确目标，才能为计划的实施提供方向。

2. 合理安排

计划的内容应安排合理，任务分解要清晰细致，时间分配要恰到好处，资源利用要追求高效。避免任务过于集中或过于分散，确保计划的可行性。

3. 灵活调整

计划应具备一定的灵活性，能够根据实际情况进行调整。在计划实施过程中，可能会遇到各种问题，如时间紧迫、资源短缺等。此时，不能墨守成规，而要根据实际状况灵活应变，以确保目标的实现。

4. 简洁明了

计划的语言应简洁明了，避免冗长复杂的表述。计划的目的是为执行者提供清晰的行动指导，因此语言应通俗易懂，便于理解和执行。

5. 具体可行

计划应具有可操作性，避免设定空洞、不切实际的目标。计划的实施离不开具体的方法和步骤，就像为执行者绘制一幅详细的地图，让他们清楚知道每一步该如何走。

三、案例分析

(一)例文点评

大一新生沟通学习计划

作为一名大一新生，我刚刚踏入大学校园，面对全新的学习和生活环境，沟通能力显得尤为重要。无论是课堂小组讨论、社团活动，还是与室友的日常相处，良好的沟通能力都能帮助我更好地融入大学生活。为了提升自己的沟通能力，更好地适应大学环境，特制订本沟通学习计划。

目标：在本学期结束时，能够自信地在小组讨论中表达自己的观点。在两个月内，学会倾听他人的意见，并能够与他人进行有效的对话。在一个学期后，能够完成一次公开演讲，并获得听众的积极反馈。

内容：

第一周：学习沟通技巧，阅读《沟通的艺术》一书。

第二周：参加学校组织的沟通技巧培训讲座。

第三周：与室友进行模拟沟通练习，结束后邀请他们就我的表现给予反馈。

第四周：总结学习成果，准备一次小组讨论发言。

评估与调整：

每周进行一次自我评估，检查学习进度。如果发现学习进度滞后，适当增加学习时间。

通过以上沟通学习计划的实施，我相信自己的沟通能力将得到显著提升，为大学生活和未来的职业发展奠定坚实的基础。

【点评】

优点：(1)目标明确，围绕大学生活中的实际需求展开，具有一定的针对性。(2)内容安排合理，任务分解较为清晰，时间安排基本合理。(3)结构完整，包含计划的基本要素，如前言、目标、内容、评估与调整和结尾。

不足：(1)目标不够具体，虽然目标有一定针对性，但缺乏明确的衡量标准。例如，“能够自信地在小组讨论中表达自己的观点”可以进一步细化为“在小组讨论中至少发言三次”。(2)内容部分缺乏细节，如“阅读《沟通的艺术》一书”没有明确每天的学习时间，也没有具体的章节安排。(3)评估标准不够明确，缺乏具体的衡量指标，如“沟通能力提升”的具体表现。(4)资源分配不清晰，没有明确提到学习过程中需要的资源，如是否需要购买书籍、是否需要参加付费培训等。

通过以上评析，我们可以看到，这份计划虽然已经具备了基本的框架，但在目标设定、内容安排和评估标准等方面仍有进一步优化的空间。接下来，我们将对这份计划进行修改和完善，使其更具可操作性和实用性。

(二)例文修改

以下是根据评析意见修改后的例文，更加具体、详细且具有可操作性。

大一新生沟通学习计划

作为一名大一新生，我刚刚踏入大学校园，面对全新的学习和生活环境，沟通能力显得尤为重要。无论是课堂小组讨论、社团活动，还是与室友的日常相处，良好的沟通能力都能帮助我更好地融入大学生活。为了提升自己的沟通能力，更好地适应大学环境，特制订本沟通学习计划。

1. 目标

短期目标(第一个月)：能够自信地在小组讨论中至少发言三次，并清晰表达自己的观点。

中期目标(第二个月)：学会倾听他人的意见，并能够与他人进行有效的对话，每周至少与三位同学进行深入交流。

长期目标(第三个月)：能够完成一次5分钟的公开演讲，并获得听众的积极反馈。

2. 内容

第一周：

任务：阅读《沟通的艺术》第一章，学习倾听技巧。

时间安排：每天安排30分钟阅读，并撰写读书笔记。

资源：购买《沟通的艺术》一书。

第二周：

任务：参加学校组织的沟通技巧培训讲座，重点学习表达技巧。

时间安排：每周安排2小时参加讲座，并在课后复习笔记。

资源：关注学校通知，提前报名参加讲座。

第三周：

任务：与室友进行模拟沟通练习，邀请他们的反馈。

时间安排：每周安排2次模拟练习，每次不少于30分钟。

资源：邀请室友参与练习，并记录反馈意见。

第四周：

任务：总结学习成果，准备一次小组讨论发言。

时间安排：每天安排1小时准备发言内容。

资源：与小组成员提前沟通，了解讨论主题。

3. 评估与调整

评估周期：每周进行一次自我评估，每月进行一次全面评估。

评估标准：是否完成了预定的学习任务。沟通能力是否有所提升，通过模拟练习和室友反馈的情况进行衡量。公开演讲的效果，包括听众反馈和自我评价。

调整方法：如果发现学习进度滞后，适当增加学习时间或调整学习方法。如果发现对某一技巧掌握不足，增加相关练习或重新学习相关内容。

通过以上沟通学习计划的实施，我相信自己的沟通能力将得到显著提升，为大学生活和未来的职业发展奠定坚实的基础。同时，我也会根据实际情况灵活调整计划，确保目标的顺利实现。

【修改说明】

(1)目标具体化：将目标细化为短期、中期和长期目标，并增加了具体的衡量标准，如“在小组讨论中至少发言三次”。

(2)内容详细化：对内容部分进行了详细的任务分解，明确了时间安排和资源分配。

(3)评估明确化：增加了具体的评估标准和调整方法，使计划更具可操作性。

(4)语言优化：对语言进行了优化，使其更加简洁明了。

对比来看，这份修改后的计划更加具体、实用，能够更好地指导大一新生提升沟通能力。

随堂练习

大学生创业项目计划书

【背景材料】近年来，大学生创业成为一种趋势。许多大学生在学习之余，开始尝试将自己的创意和专业知识转化为实际的创业项目。学校创新创业中心计划举办一次创业项目大赛，鼓励学生提交自己的创业项目计划书。大赛将从项目的可行性、创新性、市场潜力和社会价值等方面进行评审，最终评选出优秀项目并给予资金支持和孵化机会。

【写作要求】根据背景材料，选择一个适合大学生创业的项目，撰写一份创业项目计划书，字数不少于1000字。计划书须包含以下内容：

(1)项目概述：项目名称、核心创意和目标。

(2)市场分析：目标市场、潜在客户、市场需求分析。

(3)产品或服务：详细介绍项目提供的产品或服务内容。

(4)运营计划：项目的运营模式、团队构成、资金需求和预期收益。

(5)风险评估与应对：可能面临的风险及应对措施。

(6)社会价值：项目对社会的积极影响。

第二节　写作任务：撰写线上社交文案

情境导入

在数字化浪潮席卷的当下，社交媒体已成为大学生日常生活中不可或缺的一部分。无论是分享生活点滴、参与热点话题讨论，还是寻找学习资源和兼职机会，线上社交平台都扮演着重要的角色。然而，在信息爆炸的时代，社交媒体上的内容如潮水般涌来，令人目不暇接。大学生们若想在这片信息海洋中脱颖而出，吸引他人的关注并传递有价值的信息，需要掌握一定的技巧和方法。

例如，小张是一名大二学生，他热爱摄影，经常在小红书上分享自己的摄影作品，但发现自己的帖子点赞量和互动率一直很低。小李是一名学生会干部，需要为学校组织的公益活动撰写宣传文案，但不知道如何吸引同学们的关注和参与。小王则希望通过微博找到一份兼职工作，却不知道如何撰写吸引人的求职文案。这些场景都说明，熟练掌握线上社交文案的撰写技巧，对于大学生而言，既十分必要，又极具实用价值。

本节将围绕线上社交文案的撰写展开，帮助大学生了解其含义、分类、特点，并掌握具体的写作方法和技巧。

一、理论讲解

(一)线上社交文案的含义及分类

1. 含义

线上社交文案是指在社交媒体平台如微信、微博、小红书、抖音、B站(哔哩哔哩网站的简称)等发布的文字内容，旨在通过文字传递信息、表达情感、引发共鸣、吸引关注和促进互动。它不仅是信息的载体，更是社交互动的重要工具。

2. 分类

根据不同的平台和传播目的，线上社交文案可以分为以下几类：

(1)生活分享类。

特点：贴近生活，语言自然，常用于记录日常、分享兴趣爱好。

示例：分享校园生活、美食探店、学习心得等。

大学生场景："今天在图书馆复习了一整天，终于把高数的难题攻克了！#学习打卡#"

(2)热点讨论类。

特点：紧跟热点话题，观点鲜明，语言简洁有力。

示例：参与社会热点事件讨论、校园话题互动。

大学生场景："#垃圾分类#大家觉得学校垃圾分类做得怎么样？我感觉还有很大的改进空间！"

(3)知识科普类。

特点：传播知识，解答疑问，语言通俗易懂。

示例：分享学习方法、专业知识、生活小窍门。

大学生场景："如何高效背单词？试试这个方法，亲测有效！#学习技巧#"

(4)活动宣传类。

特点：突出活动亮点，语言富有感染力，注重互动性。

示例：社团活动、校园讲座、公益活动宣传。

大学生场景："本周六，校学生会将举办一场公益义卖活动，快来一起奉献爱心！#公益活动#"

(5)求职应聘类。

特点：突出个人优势，语言简洁明了，具有说服力。

示例：求职简历、兼职招聘信息、个人求职意向。

大学生场景："大二学生，擅长文案策划，正在寻找新媒体运营兼职，有意向的老板私聊我哦！#求职#"

(二)线上社交文案的特点

1. 短小精悍

社交平台的用户通常浏览信息的时间有限，因此文案要简洁明了，快速抓住用户的注意力。一般建议控制在100~200字，突出核心信息。

2. 互动性强

社交文案的核心在于引发用户的互动，如评论、点赞、转发。因此，文案需要具有较强的吸引力和话题性，能够激发用户的情感或好奇心。

3. 情感化

文案常常通过情感共鸣来打动用户，无论是幽默、励志、温暖还是讽刺，情感化的表达更容易让用户产生共鸣，从而增加文案的传播力。

4. 个性化

不同的平台和用户群体有不同的风格偏好。例如，小红书适合"种草"、分享，语言风格偏生活化；微博适合热点讨论，语言风格偏简洁有力；抖音适合短视频文案，语言风格偏口语化和趣味性。

5. 视觉化辅助

线上社交文案通常会搭配图片、视频或表情符号，以增强视觉效果，进一步吸引用户注意力。例如，小红书的文案常配有精美的图片，微博的文案常搭配热点图片或表情包。

6. 时效性

社交平台的信息更新速度快，热点话题的时效性很强。因此，文案需要紧跟热点，及时发布，才能获得更多的关注和互动。

二、写作方法

（一）线上社交文案的结构

一个完整的线上社交文案通常包括以下几个部分：

1. 标题（或开头）

作用：吸引用户注意力，激发阅读兴趣。

要求：简洁明了，突出核心内容或热点话题。

示例：

"#校园热点#学校食堂新菜品大揭秘！"

2. 正文

作用：传递具体信息，表达观点或情感。

要求：内容简洁，逻辑清晰，语言风格贴合平台特点。

示例：

"本周六，校学生会将举办一场校园歌手大赛，快来一起参与投票，选出你最喜爱的歌手！#比赛活动#"

3. 结尾（或互动引导）

作用：引发用户互动，如评论、点赞、转发。

要求：提出问题、发起投票或直接引导互动。

示例：

"快来评论区分享你的学习方法吧！#学习技巧#"

4. 视觉化元素（可选）

作用：增强视觉效果，提升吸引力。

示例：搭配图片、视频、表情符号等。

（二）线上社交文案的写作要求

1. 明确目的

在撰写文案前，要明确文案的传播目的，如分享生活、推广活动、求职等。只有目的明确，文案创作才能做到有的放矢，精准触达目标受众。

2. 了解受众

撰写文案时应依据不同平台的用户群体风格调整语言。如前所述，小红书用户偏好生活化、“种草”式文案，微博用户更关注热点且青睐简洁表达。

3. 突出亮点

文案要突出核心内容，避免冗长和复杂的表述。例如，活动宣传文案要突出活动亮点和参与方式，求职文案要突出个人优势和求职意向。

4. 引发互动

文案要具有互动性，通过提问、发起投票、引导评论等方式，激发用户的参与热情。例如：“大家觉得学校食堂的新菜品怎么样？评论区告诉我！”

5. 注重情感

情感化的表达能更有效地打动用户，引发共鸣。就像这条文案：“今天在图书馆复习了一整天，终于把高数的难题攻克了！#学习打卡#大家一起加油！”短短话语传递出努力后的成就感，能瞬间唤起其他同学的共鸣。

6. 紧跟热点

热点话题具有较高的关注度，文案可以结合热点，提升传播力。例如：“#比赛活动#大家觉得今晚的校园歌手大赛，哪首歌最让你感动？”通过结合校园热点，吸引同学们的关注和讨论。

三、案例分析

（一）例文点评

本周六，校园公益义卖活动等你来！

亲爱的同学们，本周六，校学生会将举办一场公益义卖活动。活动现场将有各种爱心商品出售，所得款项将全部捐赠给贫困地区的孩子们。欢迎大家积极参与，奉献爱心！

快来参与吧！#公益活动# #校园生活#

【点评】

优点：（1）这是一份校园活动宣传文案，结构完整，包含标题、正文和结尾。（2）目的明确，旨在宣传公益活动。（3）语言简洁明了，适合在微博等平台传播。

不足：（1）标题吸引力不足：标题较为平淡，可以增加一些情感化或个性化的元素。（2）正文内容单薄：正文内容较为简单，缺乏对活动亮点的详细描述，如义卖商品的种类、活动的时间地点等。（3）互动性不足：结尾部分缺乏互动引导，没有提出问题或发起投票，难以激发用户的参与热情。

(二)例文修改

#爱心义卖# 本周六，用行动传递温暖！

亲爱的同学们，本周六，校学生会将举办一场特别的公益义卖活动。活动现场不仅有同学们亲手制作的手工艺品，还有各种书籍、文具等爱心商品。所有款项将全部捐赠给贫困地区的孩子们，帮助他们更好地学习和生活。

时间：本周六下午2点。

地点：学校操场。

让我们一起用行动来传递温暖，为贫困地区的孩子们送去一份爱！

快来评论区告诉我，你会来参加吗？#公益活动# #校园生活#

期待你的参与，一起让爱传递！#爱心义卖#

【修改说明】

(1)标题优化：增加了话题标签和情感化表达，提升吸引力。

(2)正文内容丰富：补充了活动的具体内容、时间和地点，使信息更完整。

(3)互动引导：结尾部分增加了互动问题，引导用户评论，提升互动性。

随堂练习

1. 生活分享文案

【任务】假设你刚刚参加了一场校园文化活动，收获颇丰。请撰写一篇适合发布在小红书上的生活分享文案，字数不少于200字。

【写作要求】文案结构完整，包含开头、正文和结尾；语言风格贴近生活，自然亲切；能引发读者共鸣，鼓励互动。

2. 活动宣传文案

【任务】学校即将举办一场“校园文化节”活动，活动内容丰富，包括文艺表演、创意市集、主题讲座等。请撰写一篇适合发布在微博上的活动宣传文案，字数不少于200字。

【写作要求】文案结构完整，包含标题、正文和结尾；突出活动亮点，语言简洁明了；能引发互动，鼓励同学们参与。

第三节　沟通任务：进行多元自我介绍

情境导入

在大学生活中，自我介绍是每个大学生都绕不开的场景。无论是入学时的班会、社团招新、面试，还是参加学术交流活动，自我介绍都是展示自己的重要方式。然而，很多同学在进行自我介绍时，往往会感到紧张或不知所措。例如，小明在新生班会上被要求自我介绍，他紧张得语无伦次，只说了几句简单的话就草草结束；小红在社团面试中，因为没有突出自己的优势，错过了加入心仪社团的机会。这些场景都说明，掌握多元自我介绍的技巧，对于大学生来说至关重要。

本节将围绕自我介绍展开，帮助大学生了解其含义、分类和特点，并掌握多元自我介绍的方法和技巧，让大家在各种场合都能自信地展示自己。

一、理论讲解

(一)自我介绍的含义及分类

1. 含义

自我介绍是一种常见的沟通方式，能让我们通过精练的语言向他人展现自己的基本信息、特点、优势和兴趣爱好等。它不仅是一个展示自我风采的窗口，更是建立人际关系、获取宝贵机遇的重要手段。

2. 分类

根据不同的场景和目的，自我介绍可以分为以下几类：

(1)日常社交型自我介绍。

特点：语言自然、亲切，内容简单，主要用于日常生活中的初次见面。

场景：新生班会、社团活动、朋友聚会等。

示例："大家好，我是[姓名]，来自[专业]。我喜欢运动，平时喜欢打篮球，欢迎大家和我一起玩哦!"

(2)求职面试型自我介绍。

特点：突出个人优势、专业能力和求职意向，语言简洁明了，具有说服力。

场景：兼职面试、实习面试、社团干部竞选等。

示例："尊敬的面试官，您好！我是[姓名]，来自[专业]。我熟悉[相关技能]，曾担任[相关经历]，具备较强的[能力]。我非常希望能加入贵团队，为团队贡献自己的力量。"

(3)学术交流型自我介绍。

特点：突出学术背景、研究方向和成果，语言专业性强，注重逻辑性。

场景：学术会议、学术讲座、科研项目交流等。

示例："大家好，我是[姓名]，目前在[专业]攻读[学位]，研究方向是[具体方向]。我曾参与过[科研项目]，并发表过[论文或成果]。非常期待与大家交流学习。"

(4)兴趣爱好型自我介绍。

特点：突出个人兴趣爱好，语言生动有趣，具有感染力。

场景：社团招新、兴趣小组活动、文化交流活动等。

示例："大家好，我是[姓名]，我对摄影特别感兴趣，平时喜欢用镜头记录生活的点滴。我曾参加过[摄影比赛或活动]，并获得了一些奖项。希望在这里能和大家一起交流摄影技巧！"

(二)自我介绍的特点

1. 简洁性

自我介绍的时间一般为1~3分钟，因此，语言要简洁明了，突出重点，避免冗长和复杂的表述。

2. 针对性

根据不同的场景和听众，自我介绍的内容要有针对性。例如，求职面试时要突出专业能力和优势，学术交流时要突出研究方向和成果。

3. 逻辑性

自我介绍的内容需要有清晰的逻辑结构，通常按照"开场白—主体内容—结尾"的顺序展开，使听众能够轻松理解和接受。

4. 互动性

自我介绍不仅是单向的信息传递，更是与听众建立联系的机会。通过提问、微笑或眼神交流等方式，可以增强互动性，拉近与听众的距离。

5. 个性化

每个人都有自己独特的经历和特点，自我介绍时应突出个人特色，避免千篇一律。例如，可以通过分享一个小故事或有趣的经历来吸引听众的注意力。

6. 情感化

在自我介绍中适当表达情感，可以增加亲和力和感染力。例如，通过表达对某项活动的热爱或对某个领域的热情，引发听众的共鸣。

二、沟通方法

(一)自我介绍的结构

一个完整的自我介绍通常包括以下几个部分：

1. 开场白

作用：吸引听众注意力，简要介绍自己。

内容：姓名、身份、背景等基本信息。

示例："大家好，我是[姓名]，来自[专业]，目前是[年级]学生。"

2. 主体内容

作用：详细介绍自己的特点、优势、经历或兴趣爱好。

内容：根据自我介绍的类型，突出重点。

示例：

日常社交型："我平时喜欢运动，尤其是篮球，也喜欢阅读和旅行。"

求职面试型："我熟悉[技能]，曾担任[相关经历]，具备较强的[能力]。"

学术交流型："我的研究方向是[具体方向]，曾参与[科研项目]，并发表过[论文或成果]。"

兴趣爱好型："我对摄影特别感兴趣，曾参加过[摄影比赛或活动]，并获得了一些奖项。"

3. 结尾

作用：总结内容，表达感谢或期待。

内容：表达感谢、期待合作或互动。

示例："感谢大家的聆听，希望有机会和大家多多交流！""我非常希望能加入贵团队，为团队贡献自己的力量。"

（二）自我介绍的要求

1. 明确目的

开展自我介绍前，要清晰界定目的，比如是为了展示自我、争取宝贵机会，抑或是搭建新的人际联系。只有目的明确，自我介绍的内容才能精准聚焦、有的放矢。

2. 了解听众

要根据不同的听众，灵活调整自我介绍的内容和风格。例如，面对老师和同学时，语言可以更亲切自然；面对面试官时，语言需要更正式、简洁。

3. 突出亮点

突出自己的优势、特点或成就，避免平铺直叙。例如，求职面试时可以突出与岗位相关的专业技能和实践经验；而在学术交流场合，则应突出自己的研究方向和已取得的科研成果。

4. 逻辑清晰

自我介绍要有清晰的逻辑结构，避免跳跃式表达。可依据时间先后，如从过往经历到当下状态；或按照重要性排序，先突出关键优势与成就；也能按类别划分，像将个人信息、专业技能、兴趣爱好等分别阐述。

5. 语言简洁

由于自我介绍的时间通常较为有限，因此语言务必简洁明了，要避免冗长复杂的表述，确保在短时间内清晰传达关键信息。

6. 情感真挚

适当表达情感，增加亲和力和感染力。可以通过分享一个小故事或有趣的经历来吸引听众的注意力，如介绍自己热衷绘画时，说："有天在公园写生，一只小狗跑过来安静趴在画旁，直到我画完。那瞬间我觉得绘画能连接万物，也让我更爱画画了。"

三、案例分析

（一）案例点评

求职面试型自我介绍

尊敬的面试官，您好！我是[姓名]，来自[专业]。我熟悉[技能]，曾担任[相关经历]，具备较强的[能力]。我非常希望能加入贵团队，为团队贡献自己的力量。

【点评】

优点：（1）结构完整，包含开场白、主体内容和结尾。（2）语言简洁，内容明了，符合求职面试的要求。

不足：（1）内容单薄，主体内容过于简单，缺乏具体事例或成就来支撑自己的优势。（2）语言较为生硬，缺乏情感表达，难以吸引面试官的注意。（3）互动性不足，结尾部分没有引导互动，缺乏与面试官建立联系的机会。

（二）案例修改

求职面试型自我介绍

尊敬的面试官，您好！我是[姓名]，来自[专业]，目前是[年级]学生。我非常荣幸有机会参加这次面试。

在大学期间，我积极参与各类实践活动，曾担任[社团职务]，负责组织[具体活动]，通过这些经历，我不仅锻炼了自己的组织协调能力，还学会了如何在团队中高效沟通和解决问题。此外，我还熟练掌握了[技能]，并在[项目或实习经历]中积累了丰富的实践经验。

我非常希望能加入贵团队，我相信我的能力和经验能够为团队带来新的活力和价值。同时，我也期待在这里不断学习和成长，与团队共同进步。

最后，我想问一下面试官，您认为这个岗位最需要具备哪些能力？我非常希望能在这方面得到您的建议。

【修改说明】

（1）内容丰富：增加了具体事例和成就，使自我介绍更有说服力。

（2）情感表达：通过表达荣幸和期待，增强了情感化表达。

（3）互动引导：结尾部分增加了提问，以此引导面试官参与互动，进而拉近与面试官的距离。

随堂练习

1. 日常社交型自我介绍

【任务】你刚加入了学校的摄影社团，社团为新成员举办了一场名为“光影初遇、共赴新程”的迎新活动，在活动开场环节，请每位新成员进行自我介绍。请撰写一篇适合此场景的日常社交型自我介绍，字数不少于200字。

【写作要求】语言自然亲切，内容简单明了；突出你对摄影的兴趣点，如喜欢的摄影类型、摄影经历等；结尾部分引导互动，拉近与社团成员的距离。

2. 求职面试型自我介绍

【任务】你正在参加一家互联网科技公司的新媒体运营实习生岗位面试，面试官要求你先进行自我介绍。请撰写一篇适合该面试场景的求职面试型自我介绍，字数不少于200字。

【写作要求】突出与新媒体运营相关的个人优势和专业能力；结合具体的项目经验或实践事例，增强自我介绍的说服力；结尾部分引导互动，表达你对获得实习机会的期待。

第四节　沟通任务：运用技巧开启话题

情境导入

在大学生活中，沟通是必不可少的技能。无论是课堂讨论、小组作业、社团活动，还是与同学和老师的日常交流，良好的沟通能力都能够帮助我们更好地表达自己、建立和谐的人际关系，进而抓住成长与发展的宝贵机遇。然而，许多同学在面对新的交流场景时，常常不知道如何开启话题，导致错失交流和展示自己的机会。

例如，小李在参加社团活动时，看到一群同学围在一起讨论，但他不知道如何加入，只能站在一旁观望；小张在课堂上很想发表自己的观点，却不知道如何开口，最终错过了发言的机会。这些场景都说明，掌握开启话题的技巧对于大学生来说至关重要。

本章将围绕开启话题的技巧展开，帮助大学生了解其含义、分类和特点，同时介绍实用的方法和策略，让大家在各种场合都能自信地开启交流。

一、理论讲解

（一）开启话题的含义及分类

1. 含义

开启话题是指在沟通的初始阶段，通过合适的语言或行为引导对方进入交流状态。

它不仅是打破沉默的第一步，更是建立良好沟通的基础。有效的开启话题方式，能够吸引对方的注意力，激发对方的兴趣，为后续顺畅且富有成效的沟通交流奠定基础。

2. 分类

根据不同的场景和目的，开启话题可以分为以下几类：

(1)日常社交型开启话题。

特点：语言自然、亲切，内容贴近生活，主要用于日常生活中的交流。

场景：同学聚会、社团活动、班级讨论等。

示例：

“最近有没有看什么好看的电视剧？我最近在追《当我飞奔向你》，超级精彩！”

“听说你们最近在准备社团活动，进展怎么样了？”

(2)学术交流型开启话题。

特点：内容专业性强，语言简洁明了，注重逻辑性。

场景：学术讲座、课堂讨论、科研项目交流等。

示例：

“老师，您刚才提到的[学术观点]，我有一些不同的想法，不知道能否和您交流一下？”

“最近在研究[课题]，发现了一些有趣的现象，大家有没有类似的经历？

(3)求职面试型开启话题。

特点：语言正式、简洁，突出专业能力和求职意向。

场景：兼职面试、实习面试、社团干部竞选等。

示例：

“面试官您好，我之前在[项目]中积累了一些相关经验，特别希望能和您分享一下。”

“我对贵团队的[项目]非常感兴趣，之前也做过一些相关研究，不知道您是否方便和我详细聊聊？”

(4)兴趣爱好型开启话题。

特点：突出个人兴趣爱好，语言生动有趣，具有感染力。

场景：兴趣小组、社团招新、文化交流活动等。

示例：

“我最近在学习摄影，发现了很多有趣的小技巧，不知道大家有没有兴趣一起交流一下？”

“我特别喜欢打篮球，最近在研究一些新的战术，大家有没有兴趣一起探讨一下？”

(二)开启话题的特点

1. 引导性

开启话题的核心在于引导对方进入交流状态，因此需要通过合适的问题、观点或故事吸引对方的注意力。

2. 互动性

开启话题不仅是单向的表达，更是双向的互动。巧妙地运用提问、分享个人见解或是展现对对方的兴趣等方式，能够点燃对方的交流热情，让彼此的互动自然而热烈地展开。

3. 针对性

根据不同的场景和对象，开启话题的内容要有针对性。例如，和同学在课间闲聊时，不妨聊聊生活中有趣的新鲜事，瞬间就能拉近彼此距离；而当与老师交流时，围绕前沿学术动态、专业领域最新研究成果展开探讨，能展现你对知识的渴望与思考，让交流更具价值。

4. 简洁性

开启话题时，语言务必简洁明快，摒弃冗长复杂的表述。尽量用 1~2 句话直切主题，快速开启交流，让对方能迅速领会你的意图。

5. 情感化

适当的情感表达可以增加自身的亲和力。例如，在交流中恰到好处地展现自己的小烦恼，或是真诚抒发对某一流行事物的喜爱，都更容易引发对方的共鸣。

二、沟通方法

（一）开启话题的结构

一个有效的开启话题通常包括以下几个部分：

1. 开场白

作用：打破沉默，吸引对方注意力。

内容：简单的问候、自我介绍或直接引入话题。

示例：

“嘿，你好！最近怎么样？”

“大家好，我是[姓名]，今天想和大家聊聊[话题]。”

2. 话题引入

作用：引导对方进入交流状态。

内容：提出问题、分享观点或讲述一个小故事。

示例：

“最近有没有看什么好看的书？我最近在读马歇尔·卢森堡的《非暴力沟通》，对于提高我们大学生的人际交往能力和沟通技巧非常有帮助！”

“伙伴们，我在研究[课题]时，接触了一种新的工作思路，感觉能提高咱们这一块业务的效率，你们之前有没有尝试过一些创新的工作方法？”

3. 互动引导

作用：激发对方的参与热情，促进互动。

内容：提问、邀请对方分享或表达期待。

示例：

“我超想听听你们在这事儿上的奇思妙想，快跟我分享分享呗！”

“这里面的知识点很值得深挖，大家有没有相关的学习经验，拿出来一起切磋切磋？”

（二）开启话题的要求

1. 明确目的

在开启话题前，要明确交流的目的，是建立关系、收集信息，还是抒发见解。只有目标明确，话题才能精准聚焦，发挥实效。

2. 了解听众

应依据不同的交流对象，灵活调整话题内容与风格。跟同龄人交流时，可选取轻松的生活轶事作为切入点；与专业人士沟通时，则聚焦专业领域的前沿话题。

3. 突出亮点

抛出新奇有趣的问题、讲述独一无二的经历或亮出鲜明独特的观点，能迅速抓住对方的注意力，激发其交流欲望。

4. 逻辑清晰

开启话题的内容应具备清晰的逻辑结构，避免表述混乱、跳跃。可以依照时间线、重要程度或类别属性依次展开。

5. 语言简洁

开启话题的语言要简洁扼要、直抵核心，摒弃冗长复杂的叙述。尽量用 1～2 句话开启话题，快速进入主题。

6. 情感真挚

适度融入情感表达，增强自身的亲和力与话题的感染力。例如，分享一段难忘的小故事，或是表达对某件事的满腔热忱，引发对方的情感共鸣。

三、案例分析

（一）案例点评

日常社交型开启话题

“嘿，你好！最近有没有看什么好看的电影？”

【点评】

优点：(1)语言亲切自然，用简单的问候和提问开启了话题；(2)具有较强的互动性，通过提问引导对方参与交流。

不足：(1)内容单薄，话题较为普通，缺乏亮点，难以激发对方的强烈兴趣；(2)缺乏情感，语言较为平淡，难以引发共鸣。

(二)案例修改

日常社交型开启话题

“嘿，你好！最近有没有看什么好看的书？我最近在读《三体》，它很受欢迎，我发现里面有很多关于宇宙哲学的思考，而且故事情节也非常精彩，超级有意思！不知道你有没有类似的发现？”

【修改说明】

(1)内容丰富：通过分享自己对《三体》的思考，让话题不再局限于表面的推荐，而是具备了一定深度，同时提升了趣味性，使交流更有价值。

(2)情感表达：运用“超级有意思”这样直白且强烈的表述，充分传达出自身对《三体》的喜爱，以富有感染力的情感表达激发对方的兴趣。

(3)互动引导：以“不知道你有没有类似的发现?”作为提问，引导对方分享相关观点和体验，有效增强双方互动。

随堂练习

1. 日常社交型开启话题

【任务】你新加入了一个美食社团，社团组织了一场美食制作与分享的迎新活动，地点在社团的活动室内。你想在活动里和社团成员建立友好关系。请写一段适合在活动现场开启交流的日常社交型话题内容，字数为100~150字。

【写作要求】语言轻松自然、亲切友好；内容围绕美食和活动相关，如美食制作、特色食材等；突出自己在美食方面的兴趣爱好，如喜欢的菜系、常做的美食；引导互动，拉近与社团成员的距离。

2. 学术交流型开启话题

【任务】你参加了一场关于历史文化传承的学术研讨会。会议结束后，你想和主讲嘉宾及其他参会者深入交流。请写一段适合在研讨会结束后开启交流的学术型话题，字数为100~150字。

【写作要求】突出你在历史文化领域的知识储备或兴趣点；就研讨会内容提出一个有深度的问题，或分享一个独特观点；引导互动，表达期待。

项目二
投身社团活动

第一节　写作任务：撰写社团活动策划书

情境导入

新学期开始，晨曦公益社团计划组织一场“关爱孤独症儿童”的大型公益活动。社团负责人林悦深知，一份优秀的活动策划书是活动成功的关键。她面临着诸多挑战：活动形式要新颖且能切实帮助到孤独症儿童，参与人员涵盖社团成员、志愿者以及相关专业人士，活动预算需合理规划，还要确保活动在有限的时间内高效完成。虽然林悦之前有过一些小型活动的组织经验，但这次活动规模较大，涉及方面众多，她不知道如何着手撰写一份全面、详细且具有可操作性的策划书。例如，怎样设计活动流程才能吸引更多人参与？如何分配预算才能保证活动质量？这些问题让她感到有些迷茫。

本章从社团活动策划基础理论入手，深入剖析活动主题确定、目标受众定位、资源整合等关键环节的含义和作用。借助实际案例，介绍撰写策划书的标准步骤，从调研到方案拟定，再到细节打磨，分享设计活动环节、合理分配预算等实用技巧；明确活动目标、流程、预算等板块的表述原则，提升策划书的准确性与可执行性；传授运用专业术语及吸纳各方意见的沟通策略，助力跨越理论与实践之间的差距，撰写高质量策划书，为公益活动的成功开展筑牢基础。

一、理论讲解

(一)社团活动策划书的含义及分类

1. 社团活动策划书的含义

社团活动策划书是对社团活动进行全面规划和安排的书面文件，它详细阐述了活动的目的、内容、流程、人员安排、预算等关键要素，是社团活动的行动指南，旨在确保活动能够顺利开展并达到预期效果。

社团活动策划书的重要性：它为活动提供清晰的方向，避免盲目行动；有助于合理分配资源，包括人力、物力和财力；能协调社团成员之间的工作，提高团队协作效率；是向学校、赞助商或其他相关方展示活动可行性和价值的重要依据。

2. 社团活动策划书的类型

根据活动性质，社团活动策划书可分为学术类、文化艺术类、体育类、公益类等。学术类注重知识传播和学术交流，文化艺术类强调艺术展示和文化传承，体育类以体育竞技和健身为目的，公益类则聚焦社会公益事业。不同类型的策划书在活动内容、参与人员和宣传方式等方面有所不同。

二、写作方法

（一）策划书的结构与内容

1. 标题

标题应简洁明了，准确反映活动主题，如“晨曦公益社团‘关爱孤独症儿童’活动策划书”。

2. 活动背景

阐述举办活动的原因，可结合社会热点、社团宗旨等。例如：“近年来，孤独症儿童的数量呈现出逐年递增的态势，然而社会对这一群体的了解与关注却远远不够。晨曦公益社团一直致力于关爱特殊群体，此次活动旨在提高公众对孤独症儿童的认知，为这些孩子及其家庭提供实际帮助。”

3. 活动目的

明确活动要达成的具体目标，依据 SMART 原则，要确保目标具备具体性、可衡量性、可实现性、相关性和有时限性。如：“在活动结束后，使至少 80%的参与者对孤独症有更深入的了解；在活动开展后的一个月内，为孤独症儿童筹集到价值 5000 元的学习和生活用品。”

4. 活动时间和地点

确定活动的具体日期、时间和详细地点，要充分考虑参与者的便利性和场地的可用性。

5. 活动对象

明确活动面向的群体，如社团成员、全校师生、社会公众等。

6. 活动内容与流程

这是策划书的核心部分。按照活动开展的先后顺序，详细描述每个环节的具体内容和时间安排。例如：

（1）开场环节（9:00~9:30）：主持人介绍活动背景、目的和到场嘉宾。

（2）知识讲座（9:30~11:00）：邀请儿童孤独症专家讲解孤独症的症状、成因和治疗方法。

(3)互动环节(11:00~12:00)：参与者与孤独症儿童及其家长进行互动游戏，促进彼此交流，增进相互了解。

(4)捐赠仪式(14:00~14:30)：工作人员展示本次活动筹集到的学习和生活用品等物资，随后由社团代表将物资正式捐赠给孤独症康复机构。

(5)总结环节(14:30~15:00)：主持人总结活动成果，向所有参与者表达感谢。

(6)人员安排：明确每个成员在活动中的具体职责，可通过表格形式呈现(表2-1)。

表2-1 晨曦公益社团"关爱孤独症儿童"活动安排

小组名称	小组成员	主要内容
活动策划组	林悦、张阳	负责活动整体策划和流程安排
宣传推广组	李华、王芳	制作宣传海报、发布活动信息
物资筹备组	赵强、孙悦	筹集和管理活动所需物资
现场执行组	陈杰、吴敏等	负责活动现场的组织和协调
后勤保障组	周伟、刘娜	提供后勤支持，确保活动顺利进行

(7)预算安排：详细列出活动所需的各项费用，包括场地租赁、物资采购、专家酬金等，并计算总预算(表2-2)。

表2-2 晨曦公益社团"关爱孤独症儿童"活动预算

项目	预算金额(元)	备注
场地租赁	2000	学校礼堂租赁一天
宣传物料制作	1000	海报、传单等
专家酬金	1500	邀请儿童孤独症专家
物资采购	3000	学习用品、生活用品等
其他	500	水电费、交通费等
总预算	8000	

(8)宣传方案：制定多种宣传方式，如制作海报张贴在学校宣传栏，发布活动推文到社团官方公众号，邀请校园广播台宣传等。

(9)风险预案：预测活动可能遇到的问题，并提出相应的解决措施。例如，若遇到恶劣天气，室内活动照常进行，室外活动则延期或改变活动方式；若参与人数不足，加大宣传推广力度，如增加海报张贴数量、在更多班级群发布活动信息等；同时，鼓励社团成员邀请身边的朋友参加活动。

（二）写作技巧与注意事项

1. 明确目标受众

根据活动面向的对象，调整策划书的语言风格和内容侧重点。若活动面向全校师生，可运用活泼生动、富有感染力的语言，以激发他们的参与热情；要是面向赞助商，则需着重突出活动潜在的商业价值、品牌宣传机会等。

2. 突出活动特色

在策划书中着重强调活动的独特之处，例如，邀请到业内知名专家参与、采用新颖独特的活动形式、设置别具一格的互动环节等。

3. 合理安排时间和进度

确保活动各个环节的时间安排科学合理，这样既能避免因时间过长而导致参与者疲劳，也能防止因时间过短而无法充分实现活动目标。同时，制定一份详细的活动筹备进度表，明确每个阶段的具体任务、完成时间节点以及责任人。

4. 语言简洁明了

策划书的语言应简洁明了，避免使用过于复杂的词汇和句子结构。确保内容清晰易懂，使读者能够迅速抓住关键信息。

5. 数据支撑观点

在阐述活动目的、预期效果、市场分析等内容时，尽量运用具体的数据和事实进行说明。通过数据支撑，增强策划书的可信度和说服力。

三、案例分析

（一）例文点评

某社团要举办一场“校园美食节”活动，其策划书初稿如下：

“校园美食节”活动策划书

活动背景：丰富校园生活，让同学们品尝到各种美食。

活动目的：让同学们享受美食，增进同学之间的交流。

活动时间：周末。

活动地点：学校操场。

活动内容：邀请校外美食商家入驻，设置美食摊位，同学们可以购买美食品尝。

人员安排：社团成员负责维持秩序。

预算安排：无。

宣传方案：在学校公告栏张贴通知。

风险预案：无。

【评析】

优点：活动目的明确，对活动内容有初步规划。

不足：(1)活动时间模糊。活动时间规划不具体，仅给出“周末”这一大致时间段，难以让参与者提前做好安排。(2)地点信息不详。活动地点仅提及操场，但操场范围较大，未明确摊位等具体设置区域。(3)人员职责不明。人员安排过于简单，未明确每个社团成员的具体职责，容易在活动筹备和进行过程中出现工作推诿、效率低下的问题。(4)预算安排缺失。缺少预算安排，无法准确评估活动所需成本，难以判断活动在经济上的可行性。(5)宣传方案单一。仅依靠学校公告栏进行宣传，难以覆盖到更广泛的人群。(6)风险应对准备不足。没有风险预案，难以应对活动中可能会出现的问题。

(二)例文修改

“舌尖上的校园”美食节活动策划书

一、活动背景

在繁重学业的压力之下，同学们的课余生活稍显单调。为了给同学们的学习生活增添一抹亮色，丰富校园文化内涵，同时搭建起一座促进同学间交流互动的桥梁，我们精心筹备了这场校园美食节。

二、活动目的

1. 为同学们提供一个品尝各地美食的平台，满足大家的味蕾需求。

2. 以美食为媒介，为同学们创造更多交流与互动的机会，增进彼此之间的了解和友谊，营造良好的校园氛围。

3. 通过活动，充分展示社团的组织能力和创新精神，提高社团在校园内的知名度和影响力。

三、活动时间

[具体周末日期]，10:00~17:00。

四、活动地点

学校操场东侧篮球场区域。

五、活动对象

全校师生。

六、活动内容与流程

(一)前期准备(活动前两周)

1. 与校外美食商家洽谈合作，确定入驻商家名单，明确各商家提供的美食种类、价格区间。

2. 制作宣传海报、传单，准备活动所需的物资，如桌椅、帐篷、音响设备、游戏道具、奖品等。

(二)活动当天流程

9:00~10:00　布置场地，摆放桌椅，搭建帐篷，各美食摊位做好准备工作。

10:00~10:10　主持人开场，介绍活动背景、目的和参与商家。

10:10~12:00　同学们自由品尝美食，参与现场互动游戏，如美食知识问答。

12:00~13:00　午休时间，商家进行简单休息和物资补充。

13:00~15:00　美食品尝和互动环节继续进行，增加美食制作演示环节，邀请同学们参与体验。

15:00~15:30　评选出“最受欢迎的美食摊位”，颁发奖品。

15:30~17:00　活动进入收尾阶段，同学们继续在场地内自由活动，享受美食。工作人员和商家共同清理场地，将桌椅、帐篷等物资归位。

七、人员安排

小组名称	成员	职　　责
商家对接组	李明、王丽	与美食商家沟通，确定合作细节，安排摊位位置
宣传推广组	张峰、刘悦	制作宣传海报、传单，在学校公告栏、班级群、社团公众号发布活动信息
场地布置组	陈杰、周伟	负责活动场地的布置，包括桌椅摆放、帐篷搭建等
活动组织组	吴敏、赵强	组织现场互动游戏，维持活动秩序，确保活动顺利进行
后勤保障组	孙悦、王芳	提供后勤支持，如物资采购、设备维护、卫生清理等
评委组	社团指导老师、学生会代表	评选“最受欢迎的美食摊位”

八、预算安排

项目	预算金额(元)	备　　注
场地租赁费用	1000	学校操场场地租赁
宣传物料制作费用	800	海报、传单制作
物资采购费用	500	活动所需桌椅、帐篷等物资的采购或租赁
商家摊位费用(补贴)	1500	部分用于补贴商家，吸引更多优质商家入驻
奖品费用	500	“最受欢迎美食摊位”奖品
其他费用	200	水电费、清洁费等
总预算	4500	

九、宣传方案

1. 设计制作一批色彩鲜艳、主题突出的宣传海报，内容包括活动时间、地点、精彩内容以及参与商家等关键信息。将海报张贴在学校人流量较大的区域，如学校公告栏、教学楼大厅、食堂门口、宿舍楼下等显眼位置。

2. 利用社团官方公众号发布活动推文，详细介绍美食节的特色美食和互动环节，配以美食图片和视频，吸引同学们关注。

3. 安排社团成员在班级群内转发活动通知，扩大宣传范围。

4. 邀请校园广播台在活动前一周内每天定时宣传活动信息。

十、风险预案

1. 若遇到恶劣天气，将活动转移至学校体育馆内进行，并及时通知参与者。

2. 若参与人数过多，增加现场工作人员，加强秩序维护，确保同学们的安全和活动的正常进行。

3. 若部分美食商家因不可抗力因素临时无法到场，及时调整摊位布局，安排其他商家补充空缺，或提供备用美食选择。

【修改说明】

(1)明确了活动的具体时间和详细地点，方便参与者安排时间和找到活动场地。

(2)丰富了活动内容和流程，增加了互动游戏和美食制作演示等环节，提高了活动的趣味性和吸引力。

(3)细化了人员安排，明确了每个小组和成员的具体职责，确保活动组织有序。

(4)制定了详细的预算安排，使活动成本可控，也为寻找赞助商提供了依据。

(5)完善了宣传方案，综合运用海报、公众号推文、班级群通知、校园广播等多种宣传方式，显著提升了活动的知晓度。

(6)增加了风险预案，提高了活动应对突发情况的能力。

随堂练习

【任务】假设你所在的音乐社团计划举办一场校园音乐节，请你撰写一份活动策划书，字数不少于1500字。

【写作要求】包含策划书的所有必要要素，如活动背景、目的、时间、地点、内容、人员安排、预算、宣传方案、风险预案等；活动内容要丰富多样，具有吸引力，突出音乐社团的特色；预算合理，宣传方案有效，风险预案可行。

第二节 写作任务：撰写社团活动总结报告

情境导入

在“关爱孤独症儿童”公益活动圆满结束后，林悦需要对此次活动进行全面总结。她要梳理活动的执行情况，评估活动效果，总结经验教训，为社团未来的活动提供参考。但她不知道如何有条理地撰写总结报告，怎样客观地评价活动的优点和不足，以及如何从这次活动中提炼出有价值的经验。例如，在总结活动效果时，除了参与人数和捐赠物资数量，还应该关注哪些维度？在分析活动中出现的问题时，怎样才能深入挖掘问题产生的根源？这些难题让林悦在撰写总结报告时陷入了困惑。

本章从社团活动总结报告的基础理论出发，解析活动概述、执行梳理、效果评估、问题分析、经验提炼等关键板块的含义与作用。同时，结合丰富的社团活动案例，助力像林悦这样的社团成员掌握全面收集和整理信息的有效方法，筛选关键要点，进而构建出逻辑严谨、内容翔实的总结报告框架。

一、理论讲解

(一)社团活动总结报告的含义及作用

社团活动总结报告是对社团活动全过程的回顾、分析和评价。它聚焦于活动的执行状况、所获成果以及经验教训等方面，旨在为社团后续活动的开展提供有价值的参考依据，助力社团在不断反思中实现改进与发展。同时，作为一份重要文件，它也是向社团成员、学校、赞助商等相关方汇报活动详情的有效载体。

(二)社团活动总结报告的主要内容

1. 活动基本信息

该部分包含活动名称、举办时间、地点以及参与人员等内容，为报告阅读者提供活动的基本概况。

2. 活动执行情况

详细描述活动实际开展的整个过程，将其与最初的策划书进行对比，明确其中存在的差异。同时，客观地指出活动过程中的亮点及不足。

3. 活动效果评估

从多个维度评估活动的效果，包括参与人数、参与者的参与度、活动产生的影响力以及目标达成情况等。可借助问卷调查、现场观察、数据分析等多种方式收集评估所需数据，以确保评估结果的科学性与准确性。

4. 经验教训总结

总结活动成功的经验和失败的教训，分析问题产生的原因，提出改进措施。

5. 未来展望

基于本次活动的总结，为社团未来活动的开展提出具有前瞻性的建议和规划，为社团的持续发展指明方向。

(三)社团活动总结报告的类型

根据活动类型和总结重点的不同，社团活动总结报告可分为全面总结报告和专项总结报告。全面总结报告涵盖活动的各个方面；专项总结报告则聚焦于活动的某一方面，如宣传效果总结、财务总结等。

二、写作方法

(一)总结报告的结构

1. 标题

标题应直接体现活动名称和总结类型，如“晨曦公益社团‘关爱孤独症儿童’活动总结报告”。

2. 引言

引言部分需简要介绍活动的背景、目的和基本情况，自然引出总结报告的主题。例如，“为关爱孤独症儿童，提升公众对孤独症的认知，晨曦公益社团于[具体日期]举办了‘关爱孤独症儿童’公益活动。本次活动得到了社团成员、志愿者及社会各界的广泛支持，现将活动情况总结如下”。

3. 活动执行情况

(1)环节描述。按照活动流程，依次描述每个环节的实际执行情况，包括活动开展过程、遇到的问题以及相应的解决方法。

(2)差异分析。将实际执行情况与策划书进行对比，分析差异产生的原因和影响，以便为后续活动提供参考。

(3)突出亮点。突出活动中的亮点，如精彩的互动环节、感人的瞬间等，展现活动的独特魅力。

4. 活动效果评估

(1)参与情况：统计参与活动的各类人员数量，如社团成员、志愿者、公众等，并分析参与人数是否达到预期目标。

(2)参与度：通过观察参与者的投入程度、互动频率等方面，评估参与者的积极性和参与热情。

(3)影响力：评估活动在学校、社会上的影响力，如是否获得媒体报道、是否引起公众对孤独症的关注等。

(4)目标达成情况：对照活动策划书中设定的目标，分析各项目标的完成情况，并用具体数据加以说明。例如，活动前计划为孤独症儿童筹集价值 5000 元的物资，实际筹集了 5500 元，完成率达 110%。

5. 经验教训总结

(1)成功经验：总结活动中表现出色的方面，如有效的宣传推广方式、良好的团队协作经验等，以便在未来活动中继续发扬。

(2)存在问题：分析活动中暴露出的问题，如活动现场秩序混乱、物资管理不善等，明确改进方向。

(3)原因分析：深入剖析问题产生的原因，如人员分工不明确、准备工作不充分等，为制定改进措施提供依据。

(4)改进措施：针对存在的问题，提出具体可行的改进措施，如完善人员分工制度、加强活动前的准备工作等。

6. 未来展望

(1)活动建议：对社团未来类似活动提出建设性建议，如改进活动形式、扩大活动规模等，推动活动不断优化。

(2)发展意义：结合社团发展规划，阐述本次活动对社团未来发展的意义和影响，明确社团发展方向。

(3)附录(可选)：可附上活动照片、调查问卷结果、媒体报道等相关资料，增强总结报告的可信度和说服力。

(二)写作技巧与注意事项

1. 客观公正

在对活动进行总结时，要秉持实事求是的态度，坚决避免夸大成绩或缩小问题，确保总结内容真实可靠。

2. 数据支持

运用具体的数据和生动的案例来支撑总结中的观点和结论，使总结报告更具说服力。

3. 突出重点

总结报告不应事无巨细地罗列所有细节，而应聚焦活动的重点内容和关键问题，使报告简洁精练，让读者能够迅速抓住核心要点。

4. 条理清晰

按照合理的逻辑顺序组织报告内容，可依据时间顺序展现活动的发展脉络，也可按照重要性顺序突出关键环节。

5. 语言简洁

避免使用过于复杂的语言，用简洁明了的文字表达观点。

三、案例分析

(一)例文点评

某社团举办“校园歌手大赛”后，撰写的总结报告初稿如下：

“校园歌手大赛”总结报告

本次校园歌手大赛于[具体日期]在学校礼堂举行。活动吸引了众多同学参与，现场气氛热烈。

活动过程中，选手们展现了出色的歌唱水平，观众们也积极互动。但也出现了一些问题，比如音响设备出现故障，导致比赛中断了一会儿。

这次活动让同学们有了展示自我的平台，丰富了校园文化生活。未来，我们会继续举办类似活动。

【点评】

优点：对活动的基本情况和主要成果进行了简单介绍，也指出了活动中存在的问题。

不足：(1)内容过于简略，对活动执行情况描述不详细，未说明音响设备故障的具体原因和解决措施；(2)活动效果评估缺乏数据支持，没有对观众参与度、满意度等进行调查和分析；(3)经验教训总结不够深入，没有提出具体的改进建议；(4)未来展望过于笼统，缺乏针对性和可操作性。

(二)例文修改

“校园歌手大赛”总结报告

为丰富校园文化生活，给同学们提供展示才艺的舞台，[社团名称]于[具体日期]在学校礼堂举办了“校园歌手大赛”。本次大赛得到了全校师生的广泛关注和积极参与，现将活动情况总结如下：

一、活动执行情况

活动筹备阶段，社团成员积极进行宣传推广，通过海报、班级群、社团公众号等多种渠道发布比赛信息，吸引了×名同学报名参赛。同时，准备了比赛所需的音响、灯光等设备，并邀请了专业音乐老师和学生会干部担任评委。

比赛当天，选手们按照抽签顺序依次上台演唱。大部分选手表现出色，现场观众反应热烈，掌声不断。然而，在比赛过程中，音响设备突发故障，导致比赛中断了约15分钟。经检查，是音频线接触不良所致。工作人员迅速更换音频线，比赛得以继续进行。

比赛环节设置合理，分为初赛、复赛和决赛。初赛筛选出了×名选手进入复赛，复赛进一步淘汰后，×名选手进入决赛。决赛中，选手们展现了更高水平的演唱技巧，比赛竞争激烈。最终评选出了一等奖×名、二等奖×名、三等奖×名以及优秀奖若干。

二、活动效果评估

1. 参与情况

共有×名同学报名参赛，现场观众人数达到×人，远超预期，说明活动具有较高的吸引力。

2. 参与度

通过现场观察和观众互动情况来看，观众参与度较高。在比赛过程中，观众积极为选手投票、呐喊助威，互动环节参与热情高涨。

3. 影响力

活动在校内引起了广泛关注，社团公众号发布的比赛相关推文阅读量累计达到×次，转发量为×次。同时，活动还得到了学校官方媒体的报道，增强了活动的影响力。

4. 满意度调查

活动结束后，通过线上调查问卷的方式收集了×份有效反馈。调查结果显示，×%的参与者对活动整体表示满意，×%的参与者认为活动组织有序，×%的参与者对选手表现给予高度评价。但也有×%的参与者提出音响设备故障影响了观赛体验，×%的参与者认为比赛时间过长。

三、经验教训总结

1. 成功经验

(1) 多种宣传渠道相结合的推广方式效果显著，能够有效提升活动的知晓度和参与度。

(2) 邀请专业评委，设置合理的比赛环节，保证了比赛的专业性和公正性，提高了活动质量。

2. 存在问题

(1) 音响设备故障对活动造成了一定影响。

(2) 比赛时间安排不够合理，导致部分观众感到疲惫。

3. 原因分析

(1) 音响设备故障是因为活动前对设备的检查不够细致，只进行了简单的调试，没有对音频线等易损部件进行重点检查。

(2) 比赛时间过长，主要原因在于比赛环节之间过渡时间的把控不够精准，且对选手演唱时间未进行严格限制。

4. 改进措施

(1) 活动前对所有设备进行全面细致的检查，特别是易损部件，提前准备备用设备。

(2) 优化比赛流程，严格控制每个环节的时间，合理安排选手演唱时长，避免比赛时间过长。

四、未来展望

基于本次活动的经验教训，未来社团举办类似活动时，将更加注重活动的细节和流程优化。进一步细化准备工作，加强对相关设备的维护和检查。同时，进一步丰富活动形式和内容，增加与观众的互动环节，提高活动的趣味性和吸引力。此外，还将加强与学校其他社团和组织的合作，共同打造更具影响力的校园文化活动。

五、附录

后附活动照片、调查问卷结果、媒体报道截图等。

【修改说明】

(1)详细描述了活动执行情况，包括筹备阶段、比赛当天的具体情况以及音响设备故障的原因和解决措施。

(2)通过具体数据对活动效果进行了全面评估，包括参与人数、参与度、影响力和满意度调查结果。

(3)深入总结了经验教训，提出了具体的改进措施。

(4)未来展望更加具体、有针对性，明确了改进方向和合作计划，并增加了附录内容，增强了总结报告的可信度和说服力。

随堂练习

【任务】你所在的书法社团举办了一场“校园书法大赛”，请根据以下信息撰写一份总结报告，字数不少于1500字。

(1)活动于2026年4月20日在学校图书馆前广场举行，共有50名同学报名参赛，现场观众约200人。

(2)活动分为硬笔书法和软笔书法两个项目，设置了初赛和决赛。初赛由社团成员组成评审小组，对参赛作品进行初步筛选；决赛则邀请了学校书法老师担任评委。

(3)活动现场设置了书法展示区，展示了部分优秀书法作品，还安排了书法老师进行现场指导和讲解。

(4)活动过程中，出现了比赛纸张准备不足的情况，导致部分选手等待了一段时间。

(5)活动结束后，通过问卷调查收集到了80份有效反馈，其中70%的参与者表示对活动满意，60%的参与者认为活动有助于提高自己对书法的兴趣，30%的参与者提出希望增加书法讲座等相关活动。

【写作要求】包含总结报告的所有必要要素，如活动执行情况、效果评估、经验教训总结、未来展望等；运用数据分析方法，客观评价活动效果；深入总结经验教训，提出具体的改进措施。

第三节　沟通任务：组织高效社团会议

情境导入

新上任的辩论社社长陈宇近期颇为苦恼，社团会议效率低下的问题十分突出。在一次讨论社团即将参加的辩论赛筹备事宜时，成员们各执一词，话题频繁偏离主题，有人正专注于辩题分析，有人却突然聊起上一场比赛的趣事。会议时间过长，原本计划1小时的会议，常常拖到2小时还未能达成有效决议。更糟糕的是，每次会议结束后，任务安排不明确，导致后续工作的推进举步维艰。

陈宇意识到，若不改变这种局面，学会高效组织社团会议，社团活动将难以顺利开展。然而，他却不知从何入手，既不清楚如何引导成员围绕主题进行讨论，也不明白怎样合理安排会议时间，更不知道如何明确会议后的任务分工。

本章从组织社团会议的基础理论入手，剖析会议目标设定、议程规划等关键环节的作用。通过社团案例，助力像陈宇这样的社团负责人掌握信息筛选等实用方法，搭建科学合理的会议框架，明确会议各阶段的原则与技巧，传授沟通协调策略，提升会议组织效率，推动社团活动有序开展。

一、理论讲解

（一）社团会议的重要性与类型

社团会议是社团成员沟通交流、制定决策、协调工作的重要平台。它可以分为定期例会、活动筹备会、总结会等不同类型。定期例会用于总结工作进展，安排下一阶段任务；活动筹备会聚焦特定活动的策划和准备；总结会则是对已完成活动进行回顾和分析。不同类型的会议，目的和侧重点不同，但都需要高效组织，以实现社团的目标。

（二）高效社团会议的要素

1. 明确的目标

每次会议都应有清晰明确的目标，如在辩论赛筹备会上，目标可以是确定辩题、安排辩手分工、制订训练计划等。明确的目标能引导成员的讨论方向，提高会议效率。

2. 合理的议程

根据会议目标制定详细合理的议程，将会议内容分解为具体的议题，并为每个议题分配合理的时间。例如，在活动筹备会上，可以按照活动策划、人员安排、物资准备等议题依次进行讨论。

3. 有效的沟通

成员之间要保持良好的沟通，包括清晰表达自己的观点、认真倾听他人意见、尊重不同看法等。同时，会议组织者要善于引导讨论，避免出现冷场或跑题的情况。

4. 明确的决策与任务分配

会议要达成明确的决策，并将决策转化为具体的任务，明确责任人、时间节点和任务要求，这样才能确保会议成果得到有效落实。

（三）影响社团会议效率的因素

1. 成员参与度不足

若成员对会议主题缺乏兴趣或参与积极性不高，会使得会议气氛变得沉闷。在这样的氛围下，成员们不愿深入探讨问题，导致讨论浮于表面，难以达成有价值的结论。

2. 会议规则缺失

若没有明确诸如发言顺序、时间限制等会议规则，成员们在会议上发言随意，则容易出现多人同时发言、话题跳跃混乱等情况，进而浪费会议时间。

3. 会前准备不充分

若会议组织者和成员对会议内容准备不足，在会议上就无法提供有价值的信息和可行的建议，从而影响决策质量和会议效率。

4. 存在干扰因素

会议现场的噪音干扰，以及部分成员在会议期间使用手机等行为，会分散其他成员的注意力，打断会议的正常节奏，使得会议难以按照既定流程顺利开展。

二、沟通方法

（一）会议前的准备工作

1. 确定会议目标和议程

根据社团当前的工作重点和实际需求，明确会议的核心目标。例如，若召开社团换届选举会议，其核心目标就是完成社团干部的换届选举工作。然后，围绕目标制定详细的议程，将会议分为开场致辞、候选人演讲、投票选举、新干部发言等具体环节，并为每个环节合理设定时间限制，提前通知社团成员。

2. 及时通知社团成员

提前3~5天向社团成员发送会议通知。通知内容应全面且清晰，涵盖会议时间、地点、主题、议程及需要提前准备的事项等。例如，在筹备社团文化节的会议前，要通知成员提前构思文化节的创意方案，并准备好相关资料。这样能保证成员有充足的时间安排个人日程，并为会议做好准备。

3. 准备会议资料

会议组织者要收集和整理与会议主题相关的资料，如活动策划草案、财务报表、以往活动总结等，提前分发给成员，让他们在会前熟悉相关信息，提高会议讨论的效率。例如，在召开社团财务会议前，将财务报表提前发送给成员，让他们有时间了解社团的财务状况，便于在会议上进行讨论和决策。

（二）会议中的组织与引导

1. 开场明确会议目的和规则

会议开始时，主持人要清晰地阐述会议目的和议程安排，使成员对会议有全面的了解。同时，宣布会议规则，如规定每人每次发言时间不超过3分钟，强调成员应尊重他人意见，禁止随意打断他人发言等，以此保障会议有序开展。

2. 引导讨论、控制节奏

在会议讨论过程中，主持人要引导成员紧扣主题进行讨论。一旦话题出现偏离，须及时提醒成员回到正轨。例如，在讨论社团活动宣传方案时，如果成员开始讨论活动现场布置，主持人可委婉提示：“大家先集中精力讨论宣传方案，现场布置的问题我们稍后再讨论。”此外，要严格按照议程和时间安排推进会议，控制会议节奏，避免某个议题讨论时间过长。

3. 鼓励成员参与

主持人要着力营造轻松开放的会议氛围，鼓励成员积极发言，分享个人观点和想法。对于性格内向或不太主动的成员，可主动邀请其发表意见。例如，主持人可以说：“小王，你对这个问题一直有自己独特的见解，来和大家分享一下吧！”

4. 促进意见整合与决策

当成员提出不同意见时，主持人要引导大家进行分析和整合，寻求最佳解决方案。例如，可以组织成员进行小组讨论，然后每组派代表发言，共同探讨不同意见的优缺点，最终达成共识。在充分讨论后，主持人要及时推动决策落地，避免出现议而不决的情况。

(三)会议后的跟进工作

1. 整理会议记录

会议结束后，应及时整理会议记录。记录包括会议的主要内容、讨论结果、决策事项、任务分配情况等。会议记录要准确、清晰，便于成员查阅和回顾。例如，可将会议记录整理成电子文档，发送到社团成员群中。

2. 跟进任务执行

明确各项任务的责任人、完成时间节点和任务要求，建立完善的任务跟踪机制。定期检查任务的完成进度，对遇到困难的成员及时提供必要的帮助。例如，每周召开一次简短的任务进展汇报会，让成员汇报任务完成情况，针对出现的问题及时商讨解决方案。

3. 反馈与调整

广泛收集社团成员对会议组织和决策的反馈意见，了解他们在执行任务过程中的实际感受和相关建议。根据反馈意见，对后续会议的组织和决策进行调整和优化，不断提高会议的效率和质量。

三、案例分析

(一)负面案例点评

在一次动漫社的社团会议上，社长想要讨论下一次漫展的参与计划。会议开始后，社长简单说了下会议主题，便让成员自由发言。成员们七嘴八舌地讨论起来，有人说想去漫展摆摊卖周边，有人说要准备精彩的舞台表演，还有人抱怨上次漫展的组织问题。会议进行了 1 个多小时，大家还在各说各话，没有形成任何有效的决议。会议接近尾声时，社长只是轻描淡写地说大家再想想，下次会议接着讨论，既没有明确后续需要完成的任务，也未给出下次会议的时间安排。

【点评】

此案例中的会议组织，存在以下几个问题：

(1)会议目标不明确。社长没有清晰阐述本次会议期望达成的具体目标。究竟是要确定漫展的参与形式，还是制定一套详细的执行计划，成员们无从知晓。这直接导致讨论缺乏明确方向，讨论内容分散且混乱。

(2)缺乏议程安排。会议没有提前规划好讨论的顺序和时间分配方案，成员们随意发言，使得讨论无序且耗时，无法集中精力解决核心问题。

(3)主持人失职。作为会议主持人，社长未能有效引导讨论方向，任由讨论偏离主题，也没有控制好会议节奏，导致会议效率低下，没有达成任何实质性的成果。

(4)未明确任务与责任。会议结束时，社长没有明确各项任务的负责人和时间节点，使得会议讨论无法转化为实际行动，后续工作难以推进。

(二)正面案例点评

在一个文学社团组织的读书分享会筹备会议中，社长提前做了充分准备。会议开始前一周，社长便通过社团群发布通知，告知成员会议的时间、地点，点明会议主题为“读书分享会筹备事宜”，还附上了初步拟定的议程。议程涵盖分享会形式讨论、书籍选择、场地布置、宣传方案等议题，同时要求成员提前思考并准备相关建议。

会议开始后，社长首先强调会议目的是确定读书分享会的各项筹备细节，确保分享会顺利举办。随后，按照议程依次进行讨论，每个议题都设定了15~20分钟的时间限制。在讨论分享会形式时，成员们提出了线上线下结合、邀请作者线上交流等多种方案。社长引导大家对这些方案进行利弊分析，最终确定采用线上线下结合的方式。在讨论书籍选择时，成员们积极推荐书籍，社长组织大家进行投票，根据投票结果确定了最终的分享书籍。对于场地布置和宣传方案的讨论，也采用了类似的方式，最终达成了共识。

会议过程中，社长鼓励每个成员发言。对于不太积极的成员，主动邀请他们表达看法。当讨论出现分歧时，社长引导成员从分享会的目标和受众需求出发，寻找共同的利益点，促进意见的整合。

会议结束后，社长根据讨论结果，明确了各项任务的责任人、时间节点和任务要求。例如，安排宣传部的小李负责制作宣传海报，在下周内完成初稿；组织部的小王负责联系线上作者，在三天内确定能否邀请成功等。社长将这些任务整理成表格后发送到社团群中。后续，社长还会定期在群里询问任务进展情况，及时为遇到问题的成员提供帮助。

【点评】

此案例中的会议组织，有以下优点：

(1)目标清晰明确。社长在会议开始时便清晰阐述了会议目的，让成员们第一时间明确本次会议需要完成的具体任务，为讨论指明了方向。

(2)议程科学合理。提前制定详细议程并严格按照议程推进会议，使讨论有序进行，每个议题都能得到充分的探讨，提高了会议效率。

(3)主持引导有效。社长积极引导讨论，鼓励成员参与，控制会议节奏，及时解决分歧，促进了意见的整合和决策的形成。

(4)任务落实跟进。会议结束时，社长明确了各项任务的分配情况和时间节点。会议结束后，还对任务执行情况进行了有效的跟进，确保会议成果能够转化为实际行动，保障了活动的顺利筹备。

随堂练习

假设你是学校足球社团的负责人，要组织一场校园足球赛筹备会议。参会人员包括社团教练、各年级足球队队长，以及负责后勤和宣传的成员。请根据以下要求完成练习：

(1)撰写一份会议通知，包含会议的时间(9月15日周五下午3点)、地点(学校体育办公室)、主题、议程以及参会人员需要提前准备的事项。

(2)设计会议过程中的引导话术，至少包括开场引导、当讨论偏离主题时的引导、鼓励成员发言的引导以及促进意见整合的引导，每种引导内容不少于50字。

(3)制订会议结束后的任务跟进计划，明确各项任务的责任人、时间节点和任务要求，任务至少涉及确定参赛队伍名单、安排比赛场地、设计宣传海报、准备比赛物资等方面。

第四节　沟通任务：协调社团团队合作

情境导入

学校戏剧社正在筹备一场大型校园话剧演出，在排练过程中，团队合作出现了严重问题；负责剧本创作的成员认为表演成员没有完全理解剧本的内涵，导致表演效果不佳；表演成员则抱怨剧本台词晦涩难懂，影响表演发挥。负责舞台布置的成员觉得大家对他们的工作不够重视，没有及时提供所需的信息，导致布置进度缓慢；而负责灯光和音效的成员又与舞台布置成员在工作衔接上出现问题，互相指责对方拖延。作为戏剧社的社长，林晓面临着巨大的挑战，她需要尽快协调各方矛盾，促进团队合作，确保话剧演出能顺利进行。但她不知道该如何打破僵局，让各成员相互理解、协同工作。

本章从社团团队合作的基础理论出发，解析团队沟通、任务分配、矛盾协调等关键要点的含义与作用。借戏剧社筹备话剧演出的困境，助力像林晓这样的社长掌握协调方法，学会凝聚团队共识，明确合作流程，化解矛盾，提升社团团队协作效率，保障活动顺利开展。

一、理论讲解

（一）社团团队合作的重要性

良好的团队合作是社团活动成功的关键。在社团活动中，不同成员负责不同的工作，只有通过紧密合作，才能充分发挥各自的优势，实现活动的目标。例如在话剧演出中，剧本创作、表演、舞台布置、灯光音效等环节相互关联，任何一个环节出现问题都会影响整体效果。团队合作还能增强社团的凝聚力，提升成员的归属感和参与积极性。

（二）社团团队合作中常见的问题及原因

1. 沟通不畅

成员之间信息传递不准确、不及时，导致误解和冲突。例如在戏剧社中，剧本创作成员没有及时向表演成员解释剧本的创作意图，表演成员也没有及时反馈剧本存在的问题。

2. 目标不一致

不同成员对活动的目标理解存在差异，导致工作方向不一致。以社团公益活动组织为例，部分成员秉持着纯粹的助人理念，将活动的目标定位为帮助他人解决困难、改善现状；而另一部分成员则更侧重于社团自身的发展，把提升社团知名度视为活动的首要追求。这种对目标理解上的分歧，会使成员们在工作中各自为战，难以形成强大的合力。

3. 分工不明确

任务分配模糊，成员不清楚自己的职责范围，容易出现推诿责任或重复工作的情况。例如在社团活动筹备中，物资采购和场地布置的工作界限不清晰，导致有些物资无人采购，而有些工作却多人重复操作，造成了人力和资源的浪费。

4. 个人利益冲突

当成员个人的利益诉求与团队整体利益产生冲突时，可能对团队合作造成负面影响。以社团干部竞选期间的情况为例，部分成员将个人的竞选结果置于首位，过度关注自身能否成功当选干部，而在很大程度上忽视了社团当下正在推进的活动。这种以个人利益为先的行为，使得他们在团队协作中投入的精力减少，进而影响到整个社团活动的进展速度和质量。

（三）解决社团团队合作问题的原则与方法

1. 沟通协调原则

在团队合作中，应始终保持开放、真诚的沟通氛围。在沟通交流时，需充分尊重他人的观点和感受，设身处地理解对方的立场，避免因言语不当或态度强硬引发新的矛盾。

2. 目标统一原则

明确社团活动的整体目标是团队合作的关键。要确保每个成员都清楚了解这一目标，并将个人目标与团队目标相结合。这种方式，能使成员认识到个人的努力对于实现团队目标的重要性。

3. 合理分工原则

根据成员的能力和特长进行科学合理的任务分配，明确每个成员的职责和工作范围。

4. 利益平衡原则

在考虑团队整体利益的前提下，尽量满足成员的个人合理需求。通过寻找团队利益与个人利益的平衡点，让成员在为团队作出贡献的同时，也能实现自身价值，从而提升成员对团队的认同感和归属感。

二、沟通方法

(一) 建立有效的沟通机制

1. 定期召开沟通会议

组织定期的团队会议，让团队每个成员都有机会分享工作进展、提出问题和建议。例如，每周举行一次社团工作例会，要求每位成员汇报自己负责工作的最新情况。通过这种方式，增进成员之间的了解，及时发现并解决工作中的问题。

2. 建立多元化沟通渠道

除了传统的面对面沟通方式外，还可以利用线上工具进行信息交流，如社团群、电子邮件等。对于重要信息，要通过多种渠道重复传达，确保每一位成员都能及时收到。

3. 积极倾听

在沟通交流中，要认真倾听他人的意见和想法，不打断、不急于反驳。可以通过点头、眼神交流等肢体语言，向对方表示自己正在认真倾听，让对方感受到被尊重和关注。这不仅有助于建立良好的沟通氛围，还能促进成员之间的相互理解与信任。

(二) 明确团队目标与分工

1. 目标分解与传达

将社团活动的整体目标分解为具体的子目标，分配给各个小组或成员。例如，在话剧演出中，将目标分解为剧本完善、表演训练、舞台布置完成、灯光音效配合等子目标，并明确每个子目标的负责人。

2. 制作分工明细表

制定详细的分工明细表，明确每个成员的具体工作内容、职责范围和工作要求。例如，在社团文化节筹备中，制作包含任务名称、负责人、完成时间、质量标准等内容的分工明细表。

3. 定期回顾与调整

定期回顾团队目标和分工情况，根据实际进展和出现的问题进行调整。比如在活动筹备过程中，如果发现某个成员的任务过重，可以及时调整分工。

(三) 化解团队矛盾与冲突

1. 及时发现矛盾

关注团队成员之间的关系变化，通过观察成员的情绪状态、行为表现以及沟通氛围等，及时发现潜在的矛盾。例如，当留意到两个成员在讨论工作时语气逐渐生硬、态度变得不耐烦，就要及时介入，防止矛盾进一步激化。

2. 了解矛盾根源

一旦发现矛盾迹象，要与矛盾双方分别沟通，了解他们的想法和感受，找出矛盾产生的根源。例如，在了解到剧本创作成员和表演成员之间的矛盾后，分别与他们交流，发现是由于对剧本的理解和表达方式存在差异，才引发了矛盾。

3. 协商解决矛盾

组织矛盾双方进行协商，引导他们从团队整体利益出发，共同寻求矛盾的解决方案。可以采用头脑风暴的方式，让双方提出解决问题的建议和思路，然后共同讨论，确定最佳方案。

(四) 激励团队成员

1. 认可与赞美

及时认可成员的工作成果和努力，通过口头表扬、在社团群里公开赞美等方式，增强成员的成就感和自信心。例如，当某个成员完成了一项难度较大的任务时，第一时间对其进行表扬，强调其在任务中展现出的能力和付出的努力。

2. 提供发展机会

为成员提供学习和成长的机会，如组织培训，参加比赛、研讨会等，满足成员个人发展的需求。比如，为社团成员争取参加专业讲座的机会，让他们接触到最新的行业动态和前沿知识，促进个人能力的提升。

3. 设立奖励机制

建立合理的奖励机制，对社团活动中表现优秀的成员给予物质或精神奖励。例如，在社团活动结束后，评选优秀成员，颁发荣誉证书和奖品。

三、案例分析

(一) 负面案例点评

在一次科技创新社团开展的项目开发工作中，团队成员之间出现了严重的合作问题。项目负责人小张在分配任务时，没有充分考虑成员的能力和兴趣，比如一些对算法设计不太擅长的成员被安排了复杂的算法编程任务，这导致部分成员对自己的任务不熟悉，工作进展缓慢。项目执行期间，成员之间缺乏有效的沟通，遇到问题时各自为战，没有及时共享信息。例如，负责硬件开发的成员遇到技术难题，没有及时告知负责软件开发的成员，导致软件与硬件的对接出现了不兼容的问题。此外，团队中个别成员过于追求个人成果展示，在项目报告中夸大自己的贡献，忽视了团队其他成员的努力，引起了其他成员的不满。最终，项目未能按时完成，质量也未达到预期标准。

【点评】

此次团队合作失败，存在以下几个问题：

(1)分工不合理。项目负责人没有根据成员的能力和兴趣分配任务，导致成员工作效率低下，影响了项目进度。

(2)沟通不畅。成员之间缺乏主动沟通的意识，没有建立有效的信息共享机制，使得问题无法及时解决，积累起来影响了项目的整体推进。

(3)个人利益冲突。个别成员过于追求个人利益，忽视了团队利益，破坏了团队的和谐氛围，降低了团队的凝聚力。

(二)正面案例点评

在学校环保社团组织的“校园垃圾分类宣传活动”中，社团负责人充分发挥了协调团队合作的能力。活动开始前，负责人组织成员进行讨论，明确了活动的目标是提高全校师生对垃圾分类的认识和参与度。然后，根据成员的特长进行分工，擅长宣传的成员负责制作海报、撰写宣传文案；有组织能力的成员负责活动现场的布置和人员安排；善于沟通的成员负责与学校各部门、班级进行联系和协调。

在活动筹备过程中，负责人建立了每日沟通机制，每天下午组织成员线上开会，分享工作进展和遇到的问题。当负责海报制作的成员提出需要一些垃圾分类的专业数据时，负责与学校相关部门联系的成员及时帮忙获取。在活动现场，各成员分工明确，密切配合。负责讲解的成员认真向师生介绍垃圾分类知识，负责引导的成员积极协助师生进行垃圾分类实践操作。

活动结束后，负责人对表现突出的成员进行了公开表扬，并将活动的成果详细记录，为成员的综合测评提供了有力的支持。同时，组织成员进行活动总结，让大家分享在活动中的收获和体会，进一步增强了团队的凝聚力。

【点评】

这次团队合作取得成功，得益于以下几个方面：

(1)目标明确。通过讨论让成员清楚了解活动目标，使大家的工作方向一致，为团队合作奠定了基础。

(2)分工合理。根据成员特长分配任务，充分发挥了每个成员的优势，提高了工作效率。

(3)沟通有效。建立每日沟通机制，及时解决了工作中出现的问题，确保了活动的顺利筹备和开展。

(4)激励得当。对成员的认可和奖励，满足了成员的成就感，增强了团队的凝聚力和成员的积极性。

随堂练习

假设你是学校舞蹈社团的负责人，社团正在筹备一场校园舞蹈比赛。在筹备过程中，出现了以下问题：

(1)舞蹈编排成员与表演成员在舞蹈风格上存在分歧，编排成员想要创新，采用现代舞风格，而表演成员认为传统舞风格更适合比赛。

(2)负责服装道具的成员与表演成员沟通不畅，表演成员没有及时向服装道具成员提供服装尺寸和道具需求，导致服装道具准备进度缓慢。

(3)部分成员对比赛的重视程度不够，排练时经常迟到，影响了整体排练进度。

请根据以上情况完成以下任务：

(1)制订一份沟通计划，包括沟通的方式、时间、参与人员以及沟通的内容，以解决舞蹈风格分歧和沟通不畅的问题。

(2)设计一套激励方案，提高成员对比赛的重视程度，确保排练顺利进行。

(3)撰写一篇总结，分析团队合作中出现问题的原因以及你采取的解决措施，字数不少于1000字。

项目三
组织会议流程

第一节 写作任务：撰写会议相关文书

情境导入

新学期伊始，为了丰富同学们的课余生活，展示学校的多元文化，学校学生会计划举办一场大型校园文化节。这场文化节不仅是同学们展示自我的舞台，更是学校文化传承与创新的重要契机。

为了确保活动顺利开展并取得圆满成功，学生会主席决定召集各部门负责人召开一场至关重要的筹备会议。宣传部的晓妍成为此次会议的主要筹备者。她深知自己肩负的任务艰巨而重大，因为一场成功的校园文化节离不开各部门的紧密协作和精心策划。晓妍心中明白，要让这场活动在全校师生中收获广泛关注，吸引更多人参与，就必须组织一场高效且富有成效的筹备会议。她需要提前发布会议通知，确定会议议程，确保每个部门都能充分表达想法，共同敲定文化节的关键事项，如活动主题、时间、宣传方案等。从确定参会人员、安排会议场地，到规划会议流程，每个环节都不容有失。一份完善的会议方案和清晰的议程，是凝聚团队智慧、推动活动顺利开展的关键起点。那么，晓妍该如何为这场重要会议做准备呢？

一、理论讲解

（一）会议文书的含义及分类

会议文书是在会议活动中产生和使用的各种书面材料，是会议活动的重要组成部分。它承载着会议的信息，对会议的筹备、进行和后续工作起着关键作用。根据其在会议中的不同用途，可大致分为以下几类。

1. 会议筹备文书

会议筹备文书是为会议的顺利开展做准备的文书，包括会议预案、会议方案、会议议程、会议通知、会议邀请函等。这些文书主要用于规划会议的各项事宜，如确定会议的时间、地点、参会人员、会议流程等，是会议筹备工作的重要依据。

2. 会议进行文书

会议进行文书是在会议进行期间产生并使用的，其主要作用是记录会议的具体进程及详细内容。常见的会议进行文书包括会议记录、会议简报、会议发言稿等。会议记录是详细记录会议中的讨论内容、发言情况和决策结果；会议简报则是对会议重要内容的简要概括和报道；会议发言稿是发言人在会议上表达观点和意见的书面材料。

3. 会议结果文书

会议结果文书主要用于传达会议所达成的最终成果，常见的类型有会议纪要、会议决议、会议公报等。会议纪要概括会议的主要内容和重要决策；会议决议是会议对重要事项作出的决定；会议公报则通常用于向公众发布重要会议的结果、决策、共识等关键信息。

（二）会议文书的特点

1. 内容的真实性

会议文书必须如实反映会议的情况，包括会议的议题、讨论过程、发言内容、决策结果等，不能虚构或歪曲事实。真实的会议文书能够为后续的工作提供可靠的依据。

2. 格式的规范性

不同类型的会议文书通常有特定的格式要求，如标题、正文、落款、日期等的写法和位置都有一定的规范。遵循格式规范，可以使会议文书更加严谨、专业，便于阅读和理解。

3. 语言的准确性

会议文书的语言要求准确、简洁，杜绝使用含义模糊、易产生歧义的词汇与句子。准确的语言表达能够确保会议信息的准确传达，避免误解和偏差。

4. 作用的时效性

会议文书与特定的会议紧密相关，在会议筹备、进行和后续工作的特定时间段内发挥作用。会议结束后，部分会议文书的时效性可能会减弱，但作为历史资料仍具有一定的参考价值。

二、写作方法

会议文书的写作各有特点与规范，这里主要讲解会议通知，它是开启会议筹备工作的首要环节。

（一）会议通知的结构

1. 标题

标题一般位于会议通知的第一行，居中书写。常见的标题形式有公文式标题，即

“发文机关+事由+文种”，如“[学校名称]学生会关于校园文化节筹备会议的通知”；也可以直接使用“会议通知”作为标题。

2. 称呼

称呼应顶格写在标题下一行，写明被通知对象，如“学生会各部门负责人”。称呼要准确具体，确保通知能够传达给相关人员。

3. 正文

正文是会议通知的核心部分，需包含会议的基本信息。首先要说明会议的目的，如“为了确保校园文化节的顺利筹备，经研究决定召开本次会议”；接着依次阐述会议的时间、地点、参会人员、会议议程等内容。例如：

会议时间：[具体日期]周三下午 2 点。

会议地点：学校行政楼 302 会议室。

参会人员：学生会主席、各部门负责人。

会议议程：主持人开场，各部门依次汇报初步想法，展开集体讨论，任务分配与总结。

4. 结尾

结尾部分通常用简短的语言提出要求或期望，如“请各位准时参会，提前做好相关准备”。

5. 落款

在正文右下角写明发文机关名称，如“[学校名称]学生会”，并在发文机关下方注明发文日期。

(二)会议通知的写作要求

1. 内容完整准确

会议通知中涉及的时间、地点、参会人员、会议议程等信息必须准确无误，避免出现错误或遗漏，以免给参会人员带来困扰。

2. 语言简洁明了

使用简洁易懂的语言表达，避免冗长复杂的句子和生僻词汇，让参会人员能够快速准确地获取关键信息。

3. 发送及时

要在会议召开前的适当时间发送通知，给参会人员留出足够的时间安排行程和准备相关资料，一般提前 3~5 天较为合适。

4. 格式规范

遵循会议通知的标准格式，包括标题、称呼、正文、结尾、落款等部分的书写规范和排版要求，使通知看起来整齐、专业。

三、案例分析

(一)例文点评

“情境导入”中的晓妍同学在学习本课前，初步写了一份会议通知，原文如下：

校园文化节筹备会议通知

学生会各部门：

经学生会商议，决定召开本次校园文化节筹备会议。现将会议相关事宜通知如下：

一、时间：下周三，具体几点还没定。

二、地点：学校会议室(具体哪个没确定)。

三、参会人员：学生会各部门成员。

四、会议目的：讨论校园文化节相关事宜。

五、会议流程：大家随便说说想法，然后一起商量，最后总结一下。

六、注意事项：无。

[学校名称]学生会

2025 年 1 月 1 日

【点评】

晓妍的会议通知初稿中存在如下问题：

(1)时间表述不明确。会议时间只写了“下周三”，未明确具体时刻，这会导致参会人员无法准确安排行程，影响会议的准时召开。

(2)地点表述模糊。仅说明在学校会议室，但未指明具体会议室编号，可能会使参会人员在寻找会议地点时浪费时间，造成混乱。

(3)参会人员范围过大。写的是“学生会各部门成员”，过于宽泛，没有明确是各部门负责人还是全体成员，可能导致参会人员混乱，部分不必要参会的人员也到场，不仅会增加会议组织的难度，还会降低效率，浪费人力和时间资源。

(4)会议目的不明确。“讨论校园文化节相关事宜”表述太过模糊，没有明确具体要讨论的关键问题，如活动主题、时间、宣传方案等，不利于参会人员提前做好准备。

(5)会议流程不清晰。“大家随便说说想法”“然后一起商量”“最后总结一下”这样的表述缺乏明确的逻辑和顺序，没有规定发言顺序、讨论方式及总结要点，难以保证会议有序进行。

(6)缺少注意事项。未对任何注意事项加以说明，比如是否需要提前准备资料、会议时长大概多久等。这使得参会人员无法提前了解会议要求，难以做好充分的准备。

(二)例文修改

校园文化节筹备会议通知

学生会各部门负责人：

学校学生会计划举办一场大型校园文化节，目的是丰富同学们的课余生活，展示学校的多元文化。为了确保活动顺利开展，现将筹备会议通知如下：

一、会议主题

校园文化节筹备专项会议。

二、会议时间

[具体日期]下午2点。

三、会议地点

学校行政楼302会议室。

四、参会人员

学生会主席、各部门负责人。

五、会议目的

确定校园文化节活动主题、举办时间、各部门任务分工及宣传方案等关键事项，确保文化节顺利开展。

六、会议议程

1. 主持人开场(5分钟)：介绍会议目的和大致流程。

2. 各部门汇报初步想法(每个部门10分钟，共50分钟)：文艺部阐述活动主题构思及节目安排设想；生活部说明活动时间和场地安排建议；宣传部讲解宣传方案框架；其他部门依次发言。

3. 集体讨论(30分钟)：针对各部门提出的内容进行讨论，共同完善方案。

4. 任务分配与总结(15分钟)：明确各部门的具体任务和完成时间节点，主席总结会议要点，强调后续工作重点。

七、注意事项

1. 请各部门负责人提前准备好本部门关于校园文化节的初步方案和相关资料。

2. 会议期间请将手机调至静音或关机状态。

3. 遵守会议时间安排，发言简洁明了，突出重点。

[学校名称]学生会

2025年1月1日

【修改说明】

修改后的会议通知优点突出，体现在内容全面、逻辑清晰、细节明确等多个方面。具体分析如下：

(1)主题明确。清晰地将会议主题定为“校园文化节筹备专项会议”，让参会人员从标题就能知晓会议核心，便于提前思考相关内容。

(2)时间精准。明确到具体日期的下午 2 点，使参会人员可准确规划日程，极大地提高了会议按时开展的可能性。

(3)地点详尽。给出学校行政楼 302 会议室这一精确地点，避免参会人员寻找场地时产生困扰，节省时间和精力。

(4)人员合理。确定参会人员为学生会主席和各部门负责人，精准定位关键决策人员，既能保证会议讨论的专业性和高效性，又避免无关人员参与降低效率。

(5)目的具体。列举出确定活动主题、举办时间、各部门任务分工及宣传方案等具体关键事项，让参会人员清楚会议要达成的目标，提前做好准备。

(6)议程细致。主持人开场、各部门汇报、集体讨论、任务分配与总结，各环节时间安排合理，发言顺序清晰，逻辑连贯，保障会议有序进行，提高讨论效率。

(7)事项周全。提前准备资料、将手机调成静音、遵守时间等注意事项，从会前准备到会中纪律都有涉及，让参会人员明确会议要求，维护会议秩序。

随堂练习

请仔细阅读以下背景信息，据此撰写一份会议通知。

【背景信息】某公司计划举办一场关于“数字化转型与未来发展战略”的研讨会，旨在邀请行业内的专家、学者以及公司高层管理人员共同探讨数字化转型的趋势、挑战及应对策略，为公司未来的战略发展提供指导。

【写作要求】拟写一份详细的会议通知，包括会议主题、目的、时间、地点、参会人员、议程安排等内容；议程安排应合理，确保每位发言者都有充分的时间进行演讲和讨论，同时留出足够的时间供参会人员提问和互动。

请根据你的理解，撰写一份关于“数字化转型与未来发展战略”研讨会的会议通知。注意通知的完整性和逻辑性，确保内容准确、清晰。

第二节　写作任务：完成会议全面总结

情境导入

宣传部的晓妍参与了前述筹备会议。会议现场气氛热烈，大家围绕活动的各项细节展开了深入讨论。文艺部提出以“青春跃动，文化飞扬”作为活动主题，能很好地展现同学们的朝气与校园文化的活力；生活部建议将活动时间定在 5 月中旬，天气适宜，便于各项室外活动的开展；晓妍所在的宣传部则就宣传方案分享了自己的想法，考虑通过校园广播、海报以及新媒体平台进行全方位宣传。

会议结束后，晓妍作为宣传部的代表，面临着把会议讨论的内容准确传达给部门每一位成员，并制定后续宣传计划的任务。她需要撰写会议记录，详细记录会议上关于活动主题、时间确定、各部门任务分配等关键决策内容；同时，拟定宣传活动策划书，明确宣传工作的具体步骤，比如先设计海报初稿，再确定校园广播的宣传时段，以及规划新媒体平台的推广节奏等。通过这些文书，不仅能保证信息在宣传部内部准确传递，还能助力整个活动筹备工作有条不紊地推进。从校园活动到职场工作，会议文书无处不在，是高效沟通与协作的重要工具。接下来，就让我们深入学习会议记录的知识和写作技巧。

一、理论讲解

（一）会议记录的含义及功能

会议记录是在会议过程中，由记录人员对会议的组织情况和具体内容进行如实记载而形成的书面材料。它就像是会议的“文字相册”，精准留存会议的全貌。其功能主要体现在以下几个方面：

1. 信息留存

会议记录能够完整地留存会议中的讨论内容、发言要点以及决策结果等重要信息，为后续的查阅工作提供原始且可靠的资料。比如在校园文化节筹备会议中，会议记录能让后续负责活动执行的人员清晰地了解活动主题是如何确定的、活动时间为何如此安排、宣传方案经历了怎样的讨论过程等关键信息，确保活动的顺利推进。

2. 沟通协调

会议记录是促进组织内部信息共享与流通的重要工具，它能让未参会人员轻松了解会议的具体情况。以公司项目会议为例，当有同事因出差未能参加会议时，他们可以通过查看会议记录了解项目的进展情况以及后续的工作安排，从而更好地融入团队工作。

3. 决策依据

会议记录为组织的决策提供了有力的支撑。记录中详细的讨论和分析过程，能够帮助决策者回顾当时的思考思路，在面对类似问题时，能够结合以往的经验和教训，做出更加合理、科学的决策。

（二）会议记录的特点

1. 真实性

会议记录必须如实反映会议情况，不能对会议内容进行歪曲、篡改或主观臆断。无论是发言人的观点、讨论的分歧，还是最终的决策，都要原汁原味地记录下来。例如在记录校园文化节筹备会议时，就要真实呈现文艺部、宣传部、生活部的发言内容，不做虚假修饰。

2. 完整性

会议记录要涵盖会议的各个要素，包括会议的时间、地点、参会人员、会议议程、讨论内容、决议结果等，缺一不可。完整的会议记录才能展现会议的全过程，为后续工作提供充分的信息支持。

3. 及时性

在会议进行过程中同步记录，确保信息的时效性。一旦会议结束，记录也应基本完成，避免因时间拖延导致部分信息遗漏或模糊不清。

二、写作方法

（一）会议记录的结构

1. 标题

标题通常位于会议记录开头的居中位置，应直接点明会议主题，如“校园文化节筹备会议记录”，让读者快速获取关键信息。

2. 会议基本信息

此部分涵盖会议时间、地点、参会人员、主持人、记录人等内容。这些信息必须准确无误地填写，是会议记录的重要组成部分。以校园文化节筹备会议记录为例，应明确记录：“会议时间：[具体日期]下午[×]点。会议地点：学校行政楼[×]层[×]号会议室。参会人员：文艺部部长[姓名]、宣传部负责人晓妍、生活部主管[姓名]。记录人：[记录人姓名]。”

3. 会议内容

会议内容是会议记录的核心部分，需详细记录会议的讨论过程、各方观点及发言内容。可以按照会议议程的顺序，依次记录每个议程的讨论情况。对于重要观点和关键决策，要采用着重标记的方式突出显示，以便后续查阅和重点关注。例如在校园文化节筹备会议记录中，应分别记录文艺部、宣传部、生活部的发言内容，以及经集体讨论后形成的内容和决议。

4. 结尾

结尾部分可简要总结会议的主要成果，或者强调需要后续跟进的事项，使记录内容有始有终。还是以校园文化节筹备会议记录为例，在结尾处可再次明确活动主题、时间和宣传方案的最终决议，并简要列出各部门的后续任务。

（二）会议记录的写作要求

1. 速记精准

记录人员要具备较强的速记能力，能够紧跟发言人节奏，在其讲话过程中，迅速且准确地将内容记录下来。特别是对于重要数据、关键语句等核心信息，要确保记录无误。

2. 要点突出

在记录时，要善于甄别并抓取会议的重点内容，如核心议题、各方主要观点以及重要决策等。应避免陷入对琐碎细节的记录，做到有所侧重。例如，在校园文化节筹备会议记录中，要着重记录活动主题的确定依据、时间安排的考量因素、宣传方案的具体内容等关键事项的讨论过程与最终结果。

3. 语言简洁

采用简洁易懂的语言进行记录，摒弃冗长繁杂的句式和生僻晦涩的词汇。以简洁高效的表达方式，精准传递会议信息，提升记录的可读性。

4. 格式规范

要遵循既定的格式规范进行记录，使会议记录文本呈现出整齐有序、清晰明了的视觉效果。例如，标题、正文、落款等各部分格式要保持统一，不同内容板块之间设置适当的分隔，方便后续查阅。

三、案例分析

(一) 例文点评

校园文化节筹备会议记录

一、时间：五月初。

二、地点：学校会议室。

三、参会人：文艺部、宣传部、生活部。

四、会议内容：文艺部提了活动主题，生活部说了活动时间，宣传部讲了宣传方案，大家随便聊了聊。

【点评】

晓妍的会议记录初稿存在如下问题：

(1) 时间表述含混。仅提及“五月初”，没有记录会议召开的具体日期和时刻，导致无法准确回溯会议时间，不利于后续工作按计划推进和对时间节点的把控。

(2) 地点信息不明。记录中仅写“学校会议室”，然而学校可能设有多个会议室，如此不明确具体位置的表述，极易在后续确认会议地点时造成混淆，给相关人员带来不便。

(3) 参会人员记录模糊。只简单记录“文艺部、宣传部、生活部”，未明确参会人员具体身份，导致难以确认参与讨论的人员范围。

(4) 会议内容简略空泛。对于文艺部提出的“青春跃动，文化飞扬”这一活动主题，生活部建议在五月中旬开展活动，以及宣传部计划通过校园广播等多渠道进行宣传的重要信息，记录过于简略。既未体现这些提议的关键细节，也未突出要点，使得会议记录无法完整呈现会议讨论的核心内容。

(5) 讨论过程记录缺失。只写了“大家随便聊了聊”，未记录讨论的具体情况，如各方观点、分歧及如何达成共识，无法体现会议讨论的价值和成果。

(6) 记录人信息缺失。整个会议记录没有填写记录人姓名，一旦后续对会议记录内容产生疑问，或需要核实相关信息时，将无法明确责任人。

（二）例文修改

校园文化节筹备会议记录

一、会议时间

［具体日期］下午［×］点

二、会议地点

学校行政楼［×］层［×］号会议室

三、参会人员

文艺部部长［姓名］、宣传部负责人晓妍、生活部主管［姓名］

四、会议内容

1. 文艺部发言：文艺部部长［姓名］提出以“青春跃动，文化飞扬”作为校园文化节活动主题，认为该主题能充分展现同学们的朝气与校园文化的活力，可围绕其策划各类表演节目和文化展示活动。

2. 生活部发言：生活部主管［姓名］建议将活动时间定在五月中旬，理由是此时天气适宜，便于开展各类室外活动，如露天音乐会、文化集市等，同时提出需要提前与学校相关部门沟通场地使用事宜。

3. 宣传部发言：宣传部负责人晓妍分享宣传方案，计划通过校园广播每天定时播报文化节相关信息，设计制作精美的海报张贴在学校教学楼、食堂、宿舍等显眼位置，利用新媒体平台发布活动预告、精彩瞬间等内容，吸引更多同学关注和参与。

4. 集体讨论：针对活动主题，大家一致认为富有活力和感染力，但需进一步细化节目内容以契合主题。关于活动时间定在五月中旬，部分成员提出要考虑与其他学校活动冲突的可能性，经查询学校日程安排后，确认无冲突，最终确定活动时间为五月中旬［具体日期区间］。对于宣传方案，大家建议增加短视频宣传形式，晓妍表示将尽快安排人员制作短视频。

五、会议决议

1. 确定校园文化节活动主题为“青春跃动，文化飞扬”。

2. 活动时间定在五月中旬［具体日期区间］。

3. 宣传部在原有宣传方案的基础上增加短视频宣传，尽快完成海报设计、广播稿撰写和新媒体平台宣传规划。

记录人：［记录人姓名］

随堂练习

【任务】假设你是学校科技创新社团的社长助理，学校即将举办一场科技创新比赛。为了确保比赛顺利进行，社团组织了一次筹备会议。请根据以下信息，撰写一份会议记录。

会议主题：科技创新比赛筹备会议。

会议时间：[具体日期]下午 4 点。

会议地点：学校科技楼 3 楼 305 会议室。

参会人员：科技创新社团社长、宣传部成员、组织部成员、外联部成员。

会议内容：

社长提出比赛主题为“未来科技，创想无限”，旨在鼓励同学们发挥创意，探索前沿科技应用。

宣传部成员建议制作精美的宣传海报张贴在学校各教学楼、食堂、宿舍楼下，利用学校官方公众号发布比赛信息和优秀作品展示，吸引更多同学参与。

组织部成员汇报了比赛场地的准备情况，已确定将学校体育馆作为比赛场地，但还需要安排人员进行场地布置和设备调试，预计在比赛前三天完成。

外联部成员表示已经联系了部分企业和科研机构，争取到了一些奖品赞助，但还需要进一步沟通确定赞助的具体细节，如奖品的种类和数量。

大家就比赛的报名方式、评委邀请、比赛流程等问题进行了讨论。报名方式方面，决定采用线上和线下相结合的方式；评委邀请方面，计划邀请学校科技老师和校外相关领域专家；比赛流程初步确定为初赛、复赛和决赛三个阶段。

【写作要求】格式规范，内容完整，语言简洁明了。

第三节　沟通任务：组织主持会议进程

情境导入

在公司新产品研发项目中期推进会议上，会议室里的气氛紧张又热烈。项目经理李明作为主持人，原本计划有序推进会议，先让各部门汇报工作进展，再共同讨论解决遇到的问题。然而，会议一开始就状况频出。研发部负责人王丽汇报时，因细节过多，导致时间远超预期，其他部门成员开始面露焦急之色。紧接着，市场部发言时，话题又突然转向了之前的项目经验分享，偏离了本次会议主题。而当测试部反馈产品兼容性问题后，众人顿时各抒己见，讨论陷入混乱，迟迟无法达成共识。此时，李明意识到如果不及时调整会议节奏，把控讨论方向，会议将无法达成预期目标。

在实际工作中，这样的场景并不少见。组织并主持会议进程绝非易事，它需要主持人具备良好的沟通能力、敏锐的洞察力和出色的协调能力。如何巧妙引导发言，怎样合理控制时间，怎样确保讨论始终围绕主题展开并高效达成决议，是每一位职场人都需要掌握的重要技能。接下来，让我们一起深入学习组织主持会议进程的方法和技巧。

一、理论讲解

(一)会议组织的含义

会议组织是指为了使会议达到预期目标，对会议从筹备到结束的全过程进行策划、安排和协调的一系列活动。它涵盖了会前、会中、会后三个关键阶段。

1. 会前阶段

此阶段是会议成功的基石。首先要明确会议目的与主题。例如前述新产品研发项目中期推进会议，其目的是掌握项目进展并解决遇到的问题，主题围绕新产品研发展开。其次要确定参会人员，根据会议目的和主题，邀请相关部门负责人，如研发部、市场部、测试部等。还要选择合适的会议时间和地点，时间的选定要考虑参会人员的日程安排，地点则要满足会议对设备和空间的需求。准备会议资料也很重要，如项目进度报告、市场调研报告等，为会议讨论提供依据。

2. 会中阶段

该阶段的核心在于确保会议按预定计划平稳推进。组织人员要负责现场布置和设备调试，保证会议环境舒适、设备正常运行。在会议过程中，要积极协调各方沟通，妥善处理突发情况。例如，当会议讨论偏离主题时，及时引导回到正轨；出现意见分歧时，协调各方进行理性讨论。

3. 会后阶段

此阶段需整理会议记录，形成会议纪要，并及时将其发送给参会人员和相关部门，让未参会人员也能了解会议内容和决议。跟踪会议决议的执行情况，对落实不力的部门或个人进行督促，确保会议成果得到有效落实。

(二)会议组织的特点

1. 计划性

会议组织要求提前制定详细的计划，涵盖会议议程、时间安排、人员部署等各个方面。每一个环节都要精心策划，确保会议有序进行。还是以新产品研发项目中期推进会议为例，从为各部门设定精确的汇报时间，到合理规划集体讨论环节，都要有清晰的时间规划与流程安排，使得会议的每一步都在掌控之中。

2. 综合性

会议组织工作涉及多个方面，包括人员组织、场地安排、资料准备、设备调试等，需要协调多个部门和人员共同完成。如在组织一场大型会议时，可能需要行政部门负责场地和设备，业务部门准备资料，人力资源部门协调人员等。

3. 灵活性

尽管前期已制订了详细计划，但在实际执行中，难免会遇到各种突发情况，如参会人员临时变动、设备故障等。这就要求会议组织者具备灵活应变的能力，能够及时调整计划，最大限度降低突发情况对会议的影响。

（三）会议主持的含义及作用

会议主持是指主持人在会议过程中，运用一定的技巧和方法引导会议的进行，确保会议目标的实现。其作用主要体现在以下几个方面：

1. 引导会议方向

主持人要把握会议主题，引导参会人员围绕主题进行讨论。在新产品研发项目中期推进会议中，当讨论偏离产品研发进度、价格策略、兼容性问题等主题时，主持人应及时将话题拉回正轨，保证讨论的有效性。

2. 控制会议节奏

主持人应合理规划每个议程的时间，避免某个环节用时过长或过短。例如在各部门汇报的环节，主持人应根据预定时间提醒汇报人员注意时间，确保会议按时完成各项议程。

3. 促进沟通交流

主持人要营造活跃的会议氛围，鼓励参会人员积极发言，协调不同观点之间的交流碰撞。比如，当市场部和研发部就产品价格和功能优化问题产生分歧时，主持人应引导双方充分表达意见，促进沟通和理解。

（四）会议主持的特点

1. 权威性

主持人在会议场景中具有一定的权威性，其决策和指令对会议进程有重要影响。参会人员需要尊重主持人的安排，按照主持人的引导进行发言和讨论。

2. 协调性

主持人肩负着协调各方关系的职责，需要平衡不同部门以及人员之间的利益诉求。以讨论新产品价格策略为例，市场部可能侧重于市场竞争力与销量，研发部关注产品成本与功能投入，财务部则着重考虑利润与预算。此时，主持人就需要充分协调这几个部门的意见，综合考量各方因素。

3. 应变性

面对会议中的各种突发情况，如意见冲突、时间紧迫等，主持人要能够迅速作出反应，采取合适的措施解决问题。例如，当会议讨论陷入僵局时，主持人要及时提出新颖的思路或有效的引导方式，打破当前的困境，使会议能够继续顺利进行。

二、案例分析

某大学的学术社团计划举办一场关于“人工智能在教育领域的应用”的学术研讨会，旨在汇聚校内相关专业的师生，共同探讨该领域的前沿技术和应用成果，为学校在人工智能教育应用方面的研究与教学注入新思路。研讨会预计为期一天，参会人员包括人工智能领域的资深教授、研究人员、研究生以及部分对该领域感兴趣的本科生。

(一)错误做法分析

1. 会前准备

(1)会议时间安排不合理。组织者将会议时间定在期末考试周前夕，这一时间段大部分学生忙于紧张复习，老师们也专注于教学评估工作，如此一来，大家精力分散，难以全身心投入会议准备，甚至部分重要人员会因时间冲突无法参会。

(2)会议场地选择不当。选择了一个小型会议室，没有考虑到参会人数众多，现场拥挤，设备设施也存在缺陷，如音响效果差、投影仪画面模糊，影响了会议效果。

(3)宣传推广不足。宣传方式单一，仅在学校内部论坛发布了一则简单的会议通知，没有利用其他渠道进行宣传，导致很多对该领域感兴趣的师生未能及时获取信息，参会人数远低于预期。

2. 会中组织

(1)会议流程混乱。没有明确的会议流程安排，演讲嘉宾随意上台发言，有的时间过长，有的却过于简短，中间也没有设置合理的休息时间，参会人员疲惫不堪，注意力难以集中。

(2)互动环节缺失。整个会议几乎都是嘉宾的单方面演讲，没有设置提问、讨论等互动环节，参会人员即便心中有想法、有疑问，也没有合适的途径进行表达和寻求解答。

(3)现场管控缺位。由于没有安排专人负责维护现场秩序，会议现场嘈杂喧闹，手机铃声不断，影响了演讲嘉宾和其他参会人员。

3. 会后跟进

(1)总结反馈缺失。会议结束后，组织者没有对会议进行总结和评估，不了解参会人员对会议内容和组织的满意度，也没有收集大家的意见和建议，无法为后续类似会议的改进提供依据。

(2)成果利用不足。会议中产生的一些优秀研究成果和创新性观点，没有进行整理和推广，没有发挥出学术研讨会应有的价值，造成了资源的浪费。

(二)正确做法分析

1. 会前准备

(1)合理安排会议时间。提前与学校教学管理部门沟通，避开考试周、假期等繁忙时段，选择一个合适的周末举办会议，确保参会人员有充足的时间准备和参与。

(2)精心选择会议场地。根据参会人数，选择一个宽敞、设施齐全的大型会议室或报告厅，提前检查音响、投影仪等设备，确保正常运行。同时，要考虑场地的交通便利性和周边环境。

(3)加强宣传推广。综合运用多种渠道进行宣传，如在学校官网发布详细的会议通知和宣传海报，利用社交媒体平台、学术交流群等进行推广，邀请相关领域的知名学者在其个人社交账号上转发宣传，提高会议的知名度和影响力。

2. 会中组织

(1)制定详细会议流程。提前制定清晰的会议流程，明确每个环节的时间和内容，如开场致辞、主题演讲、小组讨论、互动环节、总结发言等。合理安排演讲嘉宾的发言时间，设置中场休息和茶歇时间，让参会人员能够保持良好的状态。

(2)增加互动环节。在会议中设置提问、讨论、小组交流等互动环节，鼓励参会人员积极参与，分享自己的观点和经验。安排专人负责互动环节的组织和引导，确保讨论有序进行。

(3)维护现场秩序。安排专人负责现场秩序管理，在会议开始前提醒参会人员将手机调至静音或关机状态，保持会场安静。对于违反秩序的行为，及时进行提醒和制止。

3. 会后跟进

(1)及时总结反馈。会议结束后，组织参会人员填写满意度调查问卷，收集大家对会议内容、组织安排、服务质量等方面的意见和建议。召开总结会议，对会议的优点和不足之处进行分析总结，为今后举办类似会议提供经验教训。

(2)有效利用会议成果。对会议中产生的研究成果、创新性观点等进行整理和编辑，形成会议论文集或报告，在学校官网、学术数据库等平台发布，供更多人学习和参考。同时，组织相关的学术交流活动，进一步推广会议成果。

通过以上改进措施，校园学术研讨会能够更加成功地举办，达到促进学术交流、推动学科发展的目的。

随堂练习

1. 练习一：企业项目启动会议组织

假设你是一家互联网公司的项目经理，公司即将开展一个新的 App 开发项目。你需要组织一场项目启动会议，参会人员包括项目团队成员、产品经理、设计师、市场调研人员以及公司高层领导。请根据会议组织的相关知识，完成以下任务：

(1)列出会前准备的详细清单，包括确定会议目的、邀请参会人员、准备会议资料、选择会议场地等方面。

(2)制定会议议程，明确每个环节的时间安排和主要内容，确保会议能够高效地传达项目信息，明确各成员的职责和任务。

(3)思考在会议过程中可能出现的问题，如意见分歧、时间把控不当等，并提出相应的解决措施。

(4)描述会议结束后，你将如何跟进会议决议的执行情况，确保项目顺利启动。

2. 练习二：学校社团活动策划会议组织

你是学校摄影社团的负责人，计划举办一场校园摄影大赛。为了做好活动策划和组织工作，你要组织一次社团内部的策划会议，参会人员是社团的核心成员，如宣传部成员、组织部成员、外联部成员等。请根据会议组织的要求，完成以下内容：

(1)说明你将如何确定会议主题和目的，以及如何围绕主题和目的邀请合适的参会人员。

(2)阐述在会议前，你需要准备哪些资料，比如摄影大赛的初步方案、预算草案等。

(3)设计会议流程，包括开场介绍、各部门发言、集体讨论、总结决策等环节，并合理分配每个环节的时间。

(4)设想会议结束后，你会采取哪些方式来收集成员对会议讨论结果的反馈，以及如何根据反馈完善摄影大赛的策划方案。

第四节　沟通任务：进行即兴发言展示

情境导入

在一场关于人工智能在教育领域应用的校园学术研讨会上，各项议程有条不紊地进行着。在主题演讲和小组讨论环节结束后，会议组织者为了进一步激发参会人员的思维碰撞，临时设置了一个即兴发言环节，鼓励大家围绕“人工智能在教育实践中的挑战与应对策略”这一话题，分享自己的见解。

原本在座位上认真聆听的同学们，瞬间紧张起来。有的同学虽然脑海中有想法，但一时不知从何说起，只能干着急；有的同学则在短暂的思考后，迅速组织语言，站起身来，条理清晰地阐述自己的观点。例如，一位研究生提到人工智能可能导致教师角色转变的挑战，他从课程设计、师生互动等方面进行分析，并提出教师应提升数字素养、积极拥抱变化的应对策略。而另一位同学由于过度紧张，发言时结结巴巴，逻辑也比较混乱，没能很好地表达自己的想法。

这一即兴发言环节，让大家深刻认识到，即便拥有丰富的知识储备和深刻的见解，如果缺乏良好的即兴表达能力，也难以在重要场合充分展示自我。在学术交流、职场汇报、社交活动等众多场景中，我们随时可能会面临即兴发言的情况。掌握即兴发言的技巧，能够让我们在面对突发提问或临时发言需求时，迅速组织语言，清晰、自信地表达想法，赢得他人的认可和尊重。接下来，就让我们一起深入学习如何进行即兴发言展示。

一、理论讲解

(一)即兴发言的含义

即兴发言，是指在没有充分准备的情况下，被临时要求就某个话题或在某个特定场合发表讲话。它与有准备的演讲不同，没有事先撰写好的演讲稿，也没有充裕的时间去构思完整的发言框架，需要发言者在短时间内迅速组织语言，将自己的想法、观点清晰地表达出来。例如，在课堂讨论中，老师突然提问让你发表看法，或者在公司会议上，领导要求你对某个项目的进展进行简要汇报，这些都属于即兴发言的场景。

（二）即兴发言的特点

1. 即时性

即时性是即兴发言最显著的特点。发言者往往在毫无预兆的情况下被要求发言，没有提前准备的时间，需要在极短的时间内迅速作出反应，即刻组织语言并表达观点，考验发言者的快速思维能力。

2. 针对性

即兴发言必须紧密围绕给定的话题或所处的场合展开。例如，在前述校园学术研讨会上，即兴发言的内容应围绕诸如人工智能在教育领域应用的问题、成果、挑战等研讨会主题展开，绝不能偏离主题，确保发言内容契合当下情境。

3. 简洁性

由于时间有限，且是临场组织语言，即兴发言很难做到长篇大论、面面俱到。发言者需要抓住重点，用简洁易懂的语言表达核心观点，避免冗长复杂的叙述，确保听众能够快速理解。

4. 灵活性

即兴发言需根据实际情况，灵活调整内容和表达方式，以适应不同的场合和听众。可借助具体的事例、生动的措辞和形象化的表达，使发言更具吸引力和感染力。

（三）即兴发言的原则

1. 真实自然

保持真诚和自然的态度，避免夸大其词或进行虚假表述，以真实的情感与内容赢得听众信任。

2. 尊重他人

尊重听众的意见和观点，在发言中避免使用可能引发冲突的言辞，更不可带有攻击性。

3. 言之有物

确保发言内容有实际价值和意义，避免空洞无物的套话，切实为听众传递有价值的信息。

（四）即兴发言的技巧

1. 提前准备

尽管即兴发言通常无法进行全面细致的准备，但我们可预先对可能出现的场合及相关主题有所了解，提前做一些基础性的思考。

2. 抓住重点

在发言过程中，要抓住核心要点，避免偏离主题或过度纠缠于细节。

3. 语言表达

运用清晰、准确的语言来阐述观点，注意语速和语调的控制，通过富有节奏感和感染力的表达，增强发言的吸引力。

(五)即兴发言的模式

1. 散点联想法

该方法是将几个看似毫无关联的词语，通过巧妙的语言组织，串联成一段话，从而构建出一个完整的表意体系。例如，给定“月亮”“书籍”“旅行”三个词，可表述为：“在静谧的夜晚，月光透过窗户洒在堆满书籍的桌上，这些书仿佛是我心灵的翅膀，带着我开启一场又一场精神之旅。”

2. 问题—原因—办法

此模式常用于商业与职场场景。首先阐述问题，然后分析产生问题的原因，最后提出解决方案。例如，在讨论产品销量下滑问题时，可以先指出产品销量近期持续下降这一现象，接着分析可能是市场竞争加剧、产品功能未能满足用户需求等原因，最后提出加大研发投入、优化营销策略等办法。

3. 感谢—回忆—愿景

这是一种适用于多种场合且富有情感的发言模式。以表达感谢作为礼节性开场，随后简单回忆过往发生的相关事情，最后表达愿景、展望未来、表示祝贺或表明决心等。比如在同学聚会上发言：“非常感谢大家能在百忙之中参加这次聚会。回忆起我们一起在校园的日子，那些青春的欢笑与奋斗的汗水仿佛就在昨天。希望未来我们都能保持这份纯真的情谊，在各自的人生道路上绽放光彩。”

4. “观音按揭”法

这一模式的名称取自谐音：“观”代表观点，即先清晰阐述自己的观点；“音”为“因”的同音字，意味着接下来要分析原因；“按”是“案”的同音字，需列举具体案例来支撑观点；“揭”是“结”的谐音，最后再次强调结论。例如在探讨团队合作的重要性时，先表明“团队合作是项目成功的关键”这一观点，接着分析原因在于成员间优势互补、能提高工作效率等，再举例说明某项目因团队成员紧密合作而顺利完成，最后强调团队合作对于项目成功的不可或缺性。

5. 黄金三点法

借助数词或序数词来划分讲话内容，使发言条理清晰，便于听众理解。比如在分享学习经验时说：“关于学习方法，我总结了三点。第一，制订合理的学习计划，明确学习目标与步骤；第二，注重知识的积累，广泛阅读各类书籍；第三，定期进行总结反思，及时调整学习策略。”

6. 过去—现在—未来

通过描述过去的经历、当下的情况以及未来的打算或期望，呈现出时间维度上的思考与表达。例如在个人述职场景下这样表达：“过去一年，我主要负责项目的前期调研工作，积累了丰富的市场数据。现在，我正积极参与项目的核心研发阶段，努力推动项目进展。未来，我希望能够带领团队攻克技术难题，使项目取得圆满成功。”

7. 正反模式

从正面和反面两个角度阐述观点或分析情况，在辩论赛等场景中较为常见。以讨论“网络对青少年成长的影响”为例，正面可阐述网络为青少年提供了丰富的学习资源，拓宽了视野；反面则指出网络可能导致青少年沉迷其中，影响身心健康。通过正反对比，使观点更加全面、深入。

即兴发言的模式并不是一成不变的，可以根据不同的场合和需要进行灵活调整和创新。在运用这些模式时，要把握构思要快、主题要明、角度要新、篇幅要短、线索要清、内容要亮等要点，以确保发言的效果和质量。

二、案例分析

假设你所在的公司每周都会召开部门周会，会议最后会预留一些时间，让大家针对本周工作中的问题和下周计划进行即兴发言。

(一)错误做法

在一次周会上，轮到小李发言。他完全没有料到会被要求即兴发言，紧张得声音都有些颤抖。他先是结结巴巴地说：“嗯……这周吧，就那样，反正工作挺多的，我也忙了挺久，但是具体做了啥，我一下子也想不起来。下周的话，我估计还是那些事儿，走一步看一步呗。”他的发言毫无条理，既没有明确指出本周工作中遇到的问题，也没有清晰规划下周的工作安排，而且全程都低着头，声音微弱，还夹杂着大量的口头禅，让在场的同事和领导听得一头雾水，完全没有从他的发言中获取到有效信息。

(二)正确做法

同样是在这次周会上，轮到小王发言。听到主持人点到自己的名字后，小王迅速在脑海中梳理了一下思路。他先深吸一口气，调整好状态，然后面带微笑，声音洪亮地开始发言：“首先，我想总结一下本周的工作成果。在市场推广项目中，我们团队成功完成了线上广告投放任务，曝光量比预期提高了20%(成果)。这主要得益于团队成员的紧密协作，以及我们对目标受众的精准定位(原因)。比如，小张负责的创意策划吸引了大量用户关注，而小李在数据分析方面的专业能力，让我们能够及时调整投放策略，确保广告效果最大化(例子)。不过，在项目推进过程中，我们也遇到了一些问题，比如与合作方的沟通效率有待提高(转折指出问题)。对于下周的工作计划，我认为我们要重点优化沟通流程，提前与合作方明确需求和时间节点(针对问题提出解决措施)。同时，继续推进线下推广活动，争取在月底前完成目标客户的初步覆盖(进一步阐述下周计划)。相信通过我们的共同努力，一定能取得更好的成绩(总结并表达积极态度)。”小王的发言条理清晰，内容充实，既总结了过去，又规划了未来，还展现出了积极的工作态度，赢得了同事和领导的认可。

随堂练习

1. 练习题一：校园生活场景

在学校组织的“环保从我做起”主题活动中，你作为学生代表被邀请上台进行即兴发言。请结合即兴发言的特点、模式和技巧，围绕“如何在校园生活中践行环保理念”这一话题，进行3~5分钟的发言。要求运用“问题—原因—办法”的模式，体现即兴发言的简洁性和针对性，同时注意语言表达清晰流畅，展现自信大方的精神风貌。

2. 练习题二：职场工作场景

假设在公司的项目进度汇报会上，领导突然要求你对目前负责的项目中遇到的问题及解决方案进行即兴发言。已知你负责的项目是一款新软件的开发，目前遇到了技术难题导致进度滞后，同时团队成员之间的沟通协作也存在一些问题。请在2~3分钟内，运用“过去—现在—未来”的即兴发言模式，阐述项目过去的进展、目前的状况以及未来的改进措施和计划。发言要真实诚恳，积极正面，条理清晰，运用合适的连接词突出逻辑层次。

项目四
发表精彩演讲

第一节　写作任务：起草主题演讲稿件

情境导入

李文亮是X学院的一名大二学生，品学兼优，多次获得学校奖学金，因此被选为学院新生开学典礼的学生代表，需在全校师生面前发表一篇题为“筑梦青春，启航未来”的演讲。虽然李文亮对这一主题有着深刻的个人感悟，但是当要将这些零散的想法整合为一篇结构清晰、富有感染力的演讲稿时，他却陷入了迷茫，不知从何着手。

一、理论讲解

(一)演讲的含义

关于“演讲”二字，《说文解字》解释为：“演，水长流也。讲，和解也。”由此，演讲可引申为表演、阐述、论说等。《辞源》注释“演说”为“引申阐述”“讲说”。具体而言，演讲就是演讲者为达到一定目的，在特定的时空环境中，借助于以有声语言为主、态势语言为辅的艺术方法，公开向听众传递信息、表述见解、阐明事理、抒发感情，从而达到感召听众并促其行动的一种现实的信息交流活动。从学术视角看，演讲不仅是语言的表达，更是一种综合性的社会行为，涉及语言学、心理学、社会学、传播学等多学科领域。

演讲的主体(演讲人)、演讲的客体(听众)、演讲的媒介(有声语言、态势语言、演讲人主体形象)和演讲的时空环境构成了演讲的四个要素。

（二）演讲的特征

1. 现实性

演讲属于现实活动范畴，它是演讲者通过对社会现实的判断和评价，直接向广大听众公开陈述自己主张和看法的现实活动。因此，演讲是对现实社会生活的归纳和提炼，是演讲者的个性化表达。

2. 目的性

演讲始终围绕某些特定目标展开，如传递信息、说服听众、激励行动或娱乐大众。演讲的目的性不仅体现了演讲者的意图，而且决定了演讲的内容、结构和表达方式。

3. 鼓动性

演讲活动是进行宣传教育、鼓舞人心的有力武器。演讲者用自己的形象、语言、情感、态势以及演讲的结构、节奏、情节感染和打动听众。在很大程度上，演讲是否具备鼓动性，是衡量其成功与否的重要标志。

4. 艺术性

演讲是现实活动的艺术呈现。它将语言进行艺术化运用，要求演讲者以一种集中、凝练且富有创造性的形式，借助有声语言与态势语言等手段，生动地表达内容。这其中，修辞技巧的运用、叙事结构的搭建以及表达风格的塑造，都非常重要。

5. 情境性

演讲的情境性是指演讲活动的效果和表现形式受到具体情境的影响和制约。情境包括演讲的场合、时间、地点、听众特征、文化背景以及社会环境等因素。演讲的情境性决定了演讲的内容、语言、结构和表达方式。

6. 工具性

演讲不仅是一门学问，更是人们交流思想的重要工具。无论是思想、知识，还是发明创造，都能够借助这一工具得到传播。从某种意义上说，演讲是最为经济、实用且便捷的传播工具，不受身份、地位、职业等限制，任何人都能够运用它来传递信息、表达观点、分享经验。

（三）演讲的类型

演讲有许多类型和形式，可以从不同的方面、不同的角度进行划分。分类角度不同，分类结果也不同。

1. 按内容划分

按照内容的不同，演讲可分为政治演讲、学术演讲、经济演讲、商业演讲、文化演讲、礼仪演讲等。

（1）政治演讲。它是针对国内外的政治问题以及与社会、政治有关的问题而发表的演讲，包括外交演讲、军事演讲、就职演说、政府工作报告等。

（2）学术演讲。它是围绕科学研究、学术观点、专业知识发表学术见解，从而传播科学知识的演讲。它必须具有内容的科学性、论证的严密性和语言的准确性三大要素，如学术报告、专题讲座、学术发言等。

(3)经济演讲。经济演讲是以经济问题、经济政策、商业策略等为核心内容的演讲。这类演讲的主体多为经济学家、商业领袖或行业专家，目的是分析经济形势、提出经济建议、分享商业经验，如经济论坛、商业峰会等。

(4)商业演讲。商业演讲是指以商业目标为导向，通过口头表达向特定听众传递信息、展示产品或服务、争取支持或达成合作的演讲活动。常见的商业演讲有产品发布会、企业路演、销售宣讲等。

(5)文化演讲。文化演讲是以文化主题为核心内容的演讲，涵盖历史、文学、艺术、民俗、宗教等多个领域。它旨在传播文化知识、探讨文化现象、分享文化体验，如TED演讲、脱口秀等。

(6)礼仪演讲。礼仪演讲是指在各种社会交往仪式上当众发表的表达深厚感情的演讲。它一般分为庆贺演讲和凭吊演讲两大类。宴请讲话、答谢致辞、告别演说、凭吊演说等，都属于礼仪演讲的范畴。

2. 按形式划分

(1)命题演讲。这是指演讲者根据事先拟定好的题目或演讲范围，经过准备后所做的演讲。如毕业典礼致辞。

(2)即兴演讲。这是指演讲者事先无准备，受到特定环境、氛围的感染，或因某一主题的触发而临时发表的演讲。如辩论赛中的自由发言。

(3)互动演讲。这是指演讲者通过多种方式与他人或听众进行实时互动，以此增强演讲的参与感和吸引力的演讲形式。如辩论会、研讨会。

(四)演讲的作用

演讲的作用体现在对演讲者个人及对社会两个层面。

1. 对演讲者本身的作用

(1)强化逻辑思维与语言组织能力。

演讲促使演讲者将知识进行内化，从观点提炼到论据编排，构建起完整的逻辑链条。在这一过程中，演讲者不断提升逻辑架构能力，使思维更加严谨，语言表达的精准性也得到提高。

(2)培养自信力与心理韧性。

演讲所处的“高曝光场景”会引发演讲者的紧张情绪。然而，经过不断的刻意练习，演讲者能够逐步建立“心理脱敏机制”，更好地管理情绪，提升应变能力。每一次成功演讲所带来的成就感和他人的认可，都有助于巩固演讲者的积极心理状态，使其在面对未来各种挑战时，能够保持从容自信，展现出更强的心理韧性。

(3)提升人际交往能力与职业竞争力。

演讲者通过公开表达，向他人展示个人的价值观与专业能力，从而更容易与他人建立信任关系，有效提升人际交往和沟通能力。在职场环境中，演讲也是个人职业发展的有力助推器，能够显著强化领导能力，增强对资源的吸附能力，助力个人品牌的塑造，进而提升职业竞争力。

2. 对社会的作用

(1)高效的信息传播。

演讲作为一种高效的信息传播工具，能够将复杂的知识、前沿的科技成果或重要的政策内容，以通俗易懂的方式传递给大众，推动社会共识的形成。

(2)思想启蒙与文化创新。

通过演讲，演讲者传播思想观念与价值取向，激发听众的思考与共鸣。这种思想的传播与碰撞，推动着社会的进步与文化的创新。

(3)强大的社会动员能力。

演讲具有凝聚群体力量的强大作用，能够激发民众的共同情感与目标意识，动员大众为实现共同的目标而努力。

总之，演讲不仅是个人表达的工具，更是社会沟通、思想碰撞与集体行动的重要媒介，对社会发展具有深远影响。

二、写作方法

(一)演讲稿的拟题

演讲拟题是演讲准备的重要环节，一个好的标题能够吸引听众的注意力，激发兴趣，并为演讲内容定下基调。标题必须与整个演讲稿的内容直接相关，最好能够直接揭示演讲主题。此外，在拟定标题时，要在准确性、简洁性、积极性、独特性和逻辑性之间找到平衡，这样才能更好地引导听众进入演讲主题，提升演讲效果。

(二)演讲稿的结构

一篇完整的演讲稿通常包括三个部分：开头、主体和结尾。

1. 开头

无论何种形式的演讲，开头都是重中之重。一个好的开场能够让听众迅速融入演讲氛围，为接下来的演讲做好铺垫。撰写演讲稿开头时，可通过提问、引用名言、讲述故事、列举数据等技巧快速抓住听众注意力，随后将话题与听众联系起来，与之建立情感共鸣，然后自然过渡到演讲核心主题，明确观点或目标，做到简洁有力。

2. 主体

主体部分是演讲的核心，需要详细阐述演讲的主要内容。为了使主体部分更加清晰和有条理，可以从突出主体、层次分明、衔接得当、情绪推动这几个方面入手。

(1)紧扣主题，多元阐述。

要始终围绕演讲主题展开论述。首先要深入理解主题，明确其核心信息和可能引发的情感反应。然后从不同角度对主题进行阐述，让听众清晰地感受到演讲的核心。

可借助生动的故事和案例、过去的经历和数据、真实的情感表达和互动，围绕主题展开演讲，使内容更加丰富生动，同时强化与听众的互动和情感共鸣。

(2)选择要点，分层论述。

将核心主题拆解为3~5个分论点，按并列、递进、总分总等结构布局，层次分明，逻辑连贯，详略安排得当。

每一段都聚焦一个分论点，运用充足的论证材料(如实例、数据、名言等)，增强表达说服力。

(3)巧妙衔接，自然过渡。

使用衔接词(如“首先”“其次”“此外”“更重要的是”)或过渡句引导听众思路，做到层次分明、逻辑连贯，详略安排恰到好处。

在长段落之间适时插入总结句、设问句，或是穿插与主题相关的事例或故事，调节演讲节奏，活跃现场气氛，使演讲张弛有度。

(4)引发共鸣，推向高潮。

在内容上循序渐进地铺垫，运用比喻、排比、反问等修辞手法，或情感升级(如“平静→紧张→爆发”)等方式层层蓄势，推动情绪逐步攀升。

直击核心观点，通过加快语速、提高音量或运用肢体语言等方式，增强情感起伏，以强烈的情感引发听众共鸣。

3. 结尾

结尾部分的主要作用是收拢全篇，强化演讲主题，或呼吁听众采取行动，或促人深思，让听众在回味中受到教育和启迪。

撰写演讲稿结尾时，可借助“收束、升华、行动号召”三要素强化演讲的影响力：首先，用简洁的语言总结核心观点，提炼逻辑主线与价值内核；其次，通过情感共鸣升华主题，可呼应前文中的故事或问题；最后，以明确的行动号召或愿景展望收尾，用有强烈感染力的动词和共情表达来激发听众内心的行动力。总之，结尾要兼顾理性总结与感性触动，让听众在离场时既有清晰的结论认知，又有强烈的情感共鸣或行动意愿。

三、案例分析

(一)例文点评

“情景导入”中的主人公李文亮同学在学习本课前，初步撰写了一份演讲稿，原文如下：

筑梦青春，启航未来

尊敬的老师、亲爱的同学们：

大家好！我是来自大二的学生代表李文亮，今天我演讲的题目是“筑梦青春，启航未来”。青春是一首歌，是一幅画，是一首诗。我们要珍惜青春，努力奋斗，实现自己的梦想。青春是美好的，我们要在青春的舞台上绽放光彩。我们要努力学习，提高自己的能力，为未来打下坚实的基础。我们要勇敢地追求梦想，不畏艰难，勇往直前。我们要在青春的道路上留下坚实的足迹，让青春无悔。谢谢大家！

【点评】

这篇演讲稿有如下问题：

(1)内容空洞。演讲内容缺乏具体事例和细节，只是简单地重复“青春”“梦想”“奋斗”等词汇，缺乏深度和感染力。

(2)缺乏互动。演讲没有与听众建立情感共鸣，没有提问或互动环节，无法激发听众的兴趣。

(3)语言平淡。语言缺乏生动性和感染力，没有使用修辞手法或故事来增强表达效果。

(4)结构松散。演讲没有明确的开头、中间和结尾，缺乏逻辑性和条理性。

(二)例文修改

筑梦青春，启航未来

尊敬的老师、亲爱的同学们：

大家好！我是来自大二的学生代表李文亮，今天我演讲的题目是“筑梦青春，启航未来”。

青春是一场绚丽的旅程，我们怀揣着梦想，踏上征程。记得刚入学时，我曾因课程难度而迷茫，但一次偶然的图书馆之行，让我重燃斗志。我看到学长学姐们在书海中专注的身影，那一刻，我明白了努力的意义。从那以后，我每天坚持早起学习，积极参与社团活动，不断挑战自我。

同学们，青春不是用来虚度的，而是用来奋斗的。我们不仅要努力学习专业知识，更要勇敢追求自己的梦想。无论遇到多大的困难，都要坚持下去，因为每一次挫折都是成长的契机。

最后，我想用一句话与大家共勉：“青春因梦想而绚烂，因奋斗而精彩。”让我们携手共进，用青春书写属于我们的未来！

谢谢大家！

随堂练习

1. 设计演讲大纲

从以下话题中任选其一，根据所选主题，撰写一个演讲大纲(限200字)。

人工智能与职业未来

社交媒体与真实社交

环保责任与个人行动

2. 实战演练

假设你是一名大学二年级的学生，被邀请在新生入学教育活动中分享你的大学生活经验。请撰写一篇300~400字的演讲稿，主题为“我的大学生活”，要求内容真实、生动，能够给新生提供一些有益的建议和启发。

第二节　写作任务：拟定演讲辅助材料

情境导入

王梅是一名大三学生，性格开朗，学习成绩优异，组织能力出色，一直是班级和学生会的骨干成员。最近，学生会主席的竞选让她心动不已，她觉得自己有能力、也有热情去带领学生会走向新的高度。然而，当她真正开始准备竞选演讲稿时，却陷入了深深的烦恼。王梅心中有诸多想法，可下笔时却感到茫然无措。她渴望自己的演讲稿能够别具一格，脱颖而出，却又不知该运用哪些辅助材料来丰富稿子的内容，使其更具吸引力与说服力。

一、理论讲解

(一)演讲辅助材料的含义及分类

演讲辅助材料是为辅助演讲者更高效地传递信息、增强听众理解而设计的非语言性材料。其核心功能是弥补纯语言表达的局限，提升信息接收效率。它通过多维度补充语言表达的局限性，使演讲更具感染力、逻辑性与专业性。常见形式包括PPT、展板、信息图、音视频材料、道具等。

在设计演讲辅助材料时，必须紧扣听众认知规律与演讲目标，避免形式大于内容，实现“视觉助力语言，工具服务思想”。从媒介形式来说，演讲辅助材料分为视觉辅助、实物展示、提示设备三种类型。

(1)视觉辅助类。如演示文稿(PPT)、照片、海报、图表、图画等静态视觉类；如动画演示、背景音乐、音视频片段等动态视觉类；如示意图、展板等实物视觉类。

(2)实物展示类。如模型、实验器材、纪念品、展示作品等。

(3)提示设备类。如手卡、演讲大纲、电子提示器等。

(二)演讲辅助材料在演讲中的重要性

1. 提升信息传递效率

演讲辅助材料通过补充、强化和拓展演讲内容，显著提升信息传递效率。它将抽象观点转化为可视化框架，帮助演讲者清晰地组织思路和呈现观点。同时，结合PPT、图片、音视频等综合元素调动多感官联动，使复杂信息更直观，增强记忆效果和说服力。另外，通过设置问答、互动环节等形式，演讲辅助材料还能有效提高听众的参与度，增强演讲对听众的吸引力，全方位提升演讲效果。

2. 提升演讲专业性和可信度

借助数据图表、权威引用、真实案例、研究结果等信息，演讲辅助材料为演讲者清晰地展示观点提供了有力支撑，从而显著增强了演讲的专业性与可信度。同时，专业化的辅助材料还能提升演讲的整体质量，展现演讲者的严谨态度和专业素养，进一步赢得听众的认可与尊重。

3. 缓解演讲恐惧与压力

首先，诸如PPT、图表之类的辅助材料，可以帮助演讲者在演讲过程中更有条理地呈现内容，控制演讲节奏，减少因忘词或内容生疏而产生的紧张感。其次，这些材料能够吸引听众的注意力，将部分关注焦点从演讲者身上转移到内容展示上，从而减轻演讲者的心理负担。此外，通过提前准备辅助材料，演讲者可以更好地梳理演讲思路，增强自信心。

（三）演讲辅助材料的使用原则

在使用演讲辅助材料时，应遵循以下四项原则。

1. 简洁直观

无论是幻灯片还是其他视觉辅助材料，都应做到简洁直观。避免堆砌过多文字，防止出现复杂烦琐的图表，以免分散观众的注意力。

2. 风格统一

视觉辅助材料的设计要与演讲的整体风格保持一致。从色彩搭配、字体大小到排版布局等各个方面，都应保持协调统一，从而营造出和谐一致的视觉效果，提升演讲的整体美感。

3. 重点突出

对于演讲中的重点内容，可通过颜色变化、字体加粗等方式突出显示，让重点内容在视觉上更加醒目，便于观众轻松捕捉。

4. 相互配合

视觉辅助材料要与演讲内容相互配合，不能成为孤立存在的“附属品”，而应当与演讲内容相互依存、相互促进。

二、写作方法

这里着重探讨演示文稿（PPT）的写作思路。

（一）构建逻辑缜密的演讲框架

优秀的PPT始于清晰的逻辑架构，整体逻辑可以采用“结论先行—分层论证—数据支撑”的结构，这能显著增强其说服力。其内部结构宜遵循四段式标准框架，具体如下：

（1）封面页：采用“主标题（核心观点）+副标题（解释维度）”的复合命题形式。如“数字化转型的三大路径——基于制造业案例的实证研究”。

(2)目录页。采用3～5个逻辑递进模块，如“现状分析→问题诊断→解决方案”。现状分析模块要突出数据对比，问题诊断环节应建立归因链条，解决方案展示要强调创新点。

(3)正文页。每页聚焦一个观点，采用“论点+论据+图示”的结构。

(4)结尾页。将核心结论转化为可量化的行动建议，为听众提供明确的行动指引。

(二)实施精准的内容提炼

演讲PPT的制作要遵循“减法原则”。在内容提炼上，要把握三个关键点：

(1)文字表述应遵循“7×12法则”，即单页不超过7行、每行不超过12字。

(2)重点使用“动词+量化结果”的强效句式，如“优化流程使交付周期缩短40%”。

(3)数据呈现要建立清晰的可视化层次。进行趋势分析优先选用折线图，呈现占比关系使用环形图，进行对比论证采用簇状柱形图，同时用红色标注关键数据点，如最大值、最小值、异常值等。

(三)设计专业的视觉系统

视觉传达在信息传递过程中起着重要的桥梁作用，我们可借鉴“三阶设计法”原理来优化PPT的视觉效果。

(1)基础层要建立标准字体系统。标题部分推荐使用44pt的思源黑体加粗，正文则使用24pt的微软雅黑，行距控制在1.5倍。

(2)色彩层建议采用“70%主色+25%辅助色+5%强调色”的配比方案。在学术场合，藏蓝色因其沉稳、专业的特质，常被推荐作为主色，搭配浅灰色作为辅助色，能有效提升文字的可读性，营造出专业且舒适的视觉氛围。

(3)版式层可运用F型视觉动线规律来布局页面，将核心图表置于页面左上方300px×200px的黄金区域，此区域是观众视线最先关注且停留时间较长的地方，有利于突出重要信息。同时，保持页面30%以上的留白空间，使整体布局简洁、美观。

(四)实现讲演深度融合

演讲与PPT的配合程度直接决定了最终的展示效果，在实际操作中需留意以下三个方面：

(1)节奏控制。建议单页讲解时长控制在2分钟内，每15分钟设置互动节点，如在问题诊断页中插入“现场举手调研”环节。

(2)动画使用。应遵循“少而精”的原则，仅在呈现关键结论时使用淡入效果，避免多级动画干扰观众对内容的理解。

(3)演讲提示。在PPT的备注栏撰写逐页讲解要点，提供清晰的思路指引。打印版备注需在页面底部预留10mm边距，用10pt字号标注演讲要点，方便在演讲过程中快速查看。

需要注意的是，不同类型、不同学科的演讲都存在差异化需求。理工科演示应加强数据论证层级，增强内容的科学性和可信度；人文社科类则需突出理论框架创新，以新颖的理论构架吸引观众；商业路演则要增强应用场景可视化，让观众更直观地了解产品或服务。建议制作者在标准框架的基础上，依据专业指南进行针对性优化，使 PPT 既符合学术规范，又具备现场感染力。

三、案例分析

(一) 例文点评

环保协会会长竞选演讲稿

大家好！我叫陈升，是××学院环保协会干事，今天我想竞选环保协会会长。大家都知道，环保很重要，但很多人觉得这件事离自己很远。其实不是的，比如塑料污染，它已经威胁到我们的生活。我们应该行动起来，从身边小事做起。

全球每年生产的塑料超过 4 亿吨，但回收率不到 10%。这些塑料进入海洋，被鱼类吃掉，最终通过食物链回到人体。如果我们不改变，到 2050 年，海洋里的塑料可能比鱼还多。

我们协会去年组织了三次校园清理活动，但参与人数越来越少。我觉得这是因为宣传不够，比如海报太普通，活动形式单一。如果当选会长，我会创新活动，比如用短视频记录垃圾变废为宝的过程，或者举办塑料艺术展。

环保不是一个人的事，需要所有人参与。希望大家支持我，扫码加入我们协会，一起让校园更绿色！

在陈升参加完竞选后，现场反馈如下：

(1) 听众注意力分散。演讲开始 2 分钟后，有人开始玩手机，中段有交头接耳声。结束时掌声不够热烈。

(2) 关键数据无记忆点。演讲结束后随机询问听众，无人能准确复述“4 亿吨”“10%”等数据。

(3) 动员号召乏力。现场仅 5 人扫码加入协会，远低于预期，评委反馈平淡。

【点评】

此演讲稿存在以下问题：

(1) 逻辑结构模糊，缺乏视觉导航。

①演讲内容问题：演讲者采用“全球数据→社团问题→未来计划”的线性叙述方式，但未明确分论点，听众难以抓住重点。

②辅助材料问题：缺少有效的视觉导航，没有 PPT 目录页或思维导图展示“问题严重性→现有不足→解决方案”三层框架。听众犹如置身于“信息碎片池”，无法构建完整的认知链条。

(2) 数据空洞，缺乏可信度支撑。

①演讲内容问题：仅口头提及“4亿吨塑料”“回收率10%”，但未说明数据来源（如联合国环境署2022报告），且未对比校园塑料消耗量。

②辅助材料问题：未用图表形式对比全球/校园塑料数据，或动态地图展示海洋垃圾分布。数据像空中楼阁，听众潜意识质疑真实性。

（3）情感共鸣薄弱，故事无画面感。

①演讲内容问题：演讲虽提及“塑料进入食物链”，但缺乏生动具体的呈现，未展示受污染鱼类解剖图或渔民口述视频。

②辅助材料问题：无触目惊心的照片，无塑料微粒显微镜图像，无受害者采访音频。听众在理性上虽能认可塑料污染问题，但情感上未被充分触动，难以激发其采取行动的意愿。

（4）解决方案过于抽象，缺乏具象展示。

①演讲内容问题：仅口头承诺开展“短视频记录”“塑料艺术展”等活动，但未说明活动的具体形式。

②辅助材料问题：无往期活动对比图，无短视频案例片段，无艺术展设计草图。这使得听众无法直观了解活动的预期效果，进而降低了对方案的信心。

（5）没有互动设计，结尾缺乏驱动力。

①演讲内容问题：结尾仅呼吁“扫码入群”，但未设置即时反馈环节。

②辅助材料问题：没有实时投票（如“你认为校园最严重的环保问题是什么”）、承诺墙二维码以及社团成果时间轴等互动元素。听众始终处于被动接收信息的状态，参与感极低，难以被有效动员。

（二）例文修改

环保协会会长竞选演讲稿

大家好！我叫陈升，是××学院环保协会干事，今天我想竞选环保协会会长。

这张照片拍摄于上周的校园后街——满地奶茶杯、快递袋，而它们的主人可能正在这个教室里。环保不是远方的概念，是我们呼吸的空气、喝下的水。这个罐子里的2千克塑料，是我们宿舍楼一上午的丢弃量。（PPT 1）

全球每年生产约4亿吨塑料，但回收率仅9.7%。这些塑料去了哪里？（PPT 2）它们进入海洋，被鱼类吞噬——这只鱼的胃里塞满了塑料袋。更可怕的是，塑料会分解成微粒，通过食物链进入人体血液！（PPT 3）

我们社团去年组织了3次清理活动，但参与人数从50人降到15人。为什么？（PPT 4）因为旧方法已失效——左边是无人问津的海报，右边是B站播放量超10万的改造视频（点击播放30秒片段）。我们需要这样的创意！（PPT 5）如果我当选，将发起“废塑重生”计划：这把椅子由200个矿泉水瓶制成。（实物展示）我们将举办校园展览（PPT 6），并通过三个阶段，让环保从口号变成潮流！（手势划动时间轴）

现在，请打开手机(操作相关演示工具)，选择你最想参与的环保行动(PPT 7)。感谢你们的选择！扫描屏幕二维码，留下承诺，明天起，你的外卖单将多一个“无需餐具”选项！(PPT 8)

辅助文稿的使用说明：

1. 实物道具：透明罐装校园一日塑料垃圾(约2千克)、塑料再生手工艺品。

2. 视觉辅助：视频播放30秒。

3. 互动设计：利用相关工具开展实时投票、设置承诺墙二维码。

4. PPT文稿：共8页，遵循“问题→冲突→解决”的逻辑。

第1页：黑白污染照片+标题“你以为的环保VS真实的环保”。

第2页：动态地球图标+数据浮层(来源：UNEP 2022)。

第3页：海洋污染动态地图+鱼类解剖图(塑料填满胃部)。

第4页：折线图对比显示“社团活动次数”与“参与人数”下降趋势。(用不同颜色标识)

第5页：并列对比图显示传统海报(文字堆砌)与短视频截图(学生用塑料瓶制作花盆)。

第6页：塑料艺术展3D设计图及往期作品(再生桌椅)。

第7页：实时显示投票柱状图。

第8页：全屏绿色背景+二维码(扫码承诺减少塑料使用)。

随堂练习

1. 选择合适的视觉辅助材料

你会如何运用视觉辅助材料来阐释下面的话题？做好充分准备，在班上讨论你的想法。

(1) 留学信息获取渠道。

(2) 中国、日本、德国、英国和美国每年在公共教育方面的财政支出情况。

(3) 蝴蝶翅膀的独特之处。

(4) 汽车轮胎的更换方法。

(5) 1980年至今全球气温变化趋势。

2. 辅助文稿设计实操

演讲稿片段(垃圾分类主题)

据统计，我国城市生活垃圾年产生量超2亿吨，其中约60%为可回收物，但实际回收率不足20%。以塑料为例，一个矿泉水瓶自然降解需约450年，而再生利用可减少75%的能源消耗。去年我校试点智能垃圾桶后，分类准确率从35%提升至82%。

【任务】请按照以下要求为这段演讲内容设计辅助材料：(1) 至少包含3种视觉

元素(图表/图片/图标)；(2)体现数据对比与情感共鸣；(3)设计1项互动环节；(4)说明每页PPT的核心功能(如“引发震惊”“强化对比”)。

第三节　沟通任务：进行命题演讲展示

情境导入

“叮——”下课铃响起时，林夏望着手机上市级演讲比赛落选的消息提示，在空荡荡的教室呆坐了许久。她清楚记得决赛现场的窒息时刻：精心准备的PPT堆砌着20页文献综述，评委在第5分钟就露出疲态；演讲中途切换的复杂动画，反而让观众交头接耳讨论技术效果。最刺痛她的是评委点评：“参赛者显然做了充足准备，但命题演讲不是论文答辩，必须建立与听众的认知共鸣。”

此刻手机突然震动，是老师发来的消息：“下周命题演讲展示课，由你为学弟学妹做示范。”林夏的指尖悬在键盘上迟迟未动——她连自己的展示症结都没厘清，又该如何指导他人？

一、理论讲解

(一)命题演讲的含义及特点

命题演讲是指演讲者根据指定的题目或者限定的主题，在正式演讲之前做了充分准备的演讲。命题演讲是演讲活动中最基本、运用最广泛的演讲方式。其特点主要包括以下几点：

1. 严肃性

命题演讲常围绕重要且受大众关注的主题展开，涵盖社会、民生等人们普遍关心的问题。因其需解答大众普遍关注的疑问，整体风格较为严肃。

2. 针对性

命题演讲的主题具有明确的指向性，意在解决实际问题或回应听众关切。演讲者越熟悉听众需求，针对性越强，演讲效果也就越好。

3. 稳定性

命题演讲的主题是预先确定的，演讲者围绕这一主题进行准备和阐述。主题一经确定，在演讲过程中不会随意变动或偏移。

4. 完整性

命题演讲结构完整，逻辑清晰。从开头到结尾，演讲者需要通过完整的论证和表达，使听众清晰地把握演讲的核心观点。

5. 鲜明性

命题演讲主题突出、观点明确，论证深入且全面。演讲者通过清晰的表达和有力的论证，以理服人，使听众快速领会演讲核心。

(二) 命题演讲的类型

根据演讲活动的形式和场合，命题演讲可分成不同类型。

1. 根据演讲形式划分

(1) 全命题演讲。全命题演讲是指题目一般由演讲组织部门来确定，演讲者据此经过一定时间周密且严谨的准备而进行的演讲。

(2) 半命题演讲。半命题演讲是指演讲者根据演讲活动组织单位限定的范围，自己拟定题目进行的演讲。这种形式便于演讲者根据自身的特点和听众的情况，从不同角度拟定题目，从而发挥自己的优势。

2. 根据演讲场合划分

(1) 专题型命题演讲。专题型命题演讲是指演讲者就某一件事或某一问题表明自己的观点、态度，针对性或专业性比较强的演讲。政治演讲、生活演讲、法律演讲、学术演讲、教育演讲、军事演讲、生意演讲、公共关系演讲、外交演讲等，都可以使用专题型命题演讲的方式。

(2) 比赛型命题演讲。比赛型命题演讲是指在演讲比赛中所进行的演讲。演讲者需根据给定的题目或限定的主题，清晰阐述自己的观点与态度。这种演讲以宣传教育为主要目的，演讲者在锻炼自身能力、增进友谊、表达个人见解的过程中，也将争取比赛名次作为重要目标。

二、任务方法

(一) 命题演讲的程序

1. 准备和构思阶段

准备和构思阶段主要围绕演讲稿写作展开，包括审题、定题、收集和选择材料、构思和定稿等环节。

(1) 审题。

命题演讲如果没有正确地审题，就有可能偏离主题，导致演讲稿“下笔千言，离题万里”。审题时有以下两点需要注意：

①注意选题的角度。对于同一话题，演讲者可以从不同角度切入，且角度要新颖、适度。新颖意味着创新，要避免与他人观点雷同，展现自己独特的想法，给听众耳目一新之感；适度则要求演讲题目角度大小合适，角度过大难以把握和讲透，角度过小则内容容量不足、不够充实，无法凸显演讲者的特色与水平。

②要懂得扬长避短，发挥自我优势。由于命题演讲主题已确定，在创新的基础上，充分发挥自己的特长与优势，选择适合自己或听众感兴趣的题目，就能为演讲的成功奠定基础。

(2) 定题。

定题是命题演讲的一个关键点，一个精彩的题目便是成功的一半。好题目是对演讲内容的高度概括，既能让听众了解演讲内容，又能提高其兴趣。确定演讲题目可以从以下方面着手：

①把握主题的时代性。主题应顺应时代的发展和社会的需要，具有时代感。

②题目要窄而深。题目不宜宽泛，避免包含过多主题词，可聚焦单一内容并有所侧重。

(3)收集和选择材料。

如果说有力的论点是演讲稿的骨骼，那么材料就是演讲稿的肌肉。在演讲的准备阶段，演讲者要学会如何收集和选择适当的材料。

要明确方向和选材标准，材料作为演讲的信息载体，应有力且有用，并对选定材料进行优化组合。材料要能恰当地表现主题，满足听众的需要，做到真实典型、具体新颖。

(4)构思和定稿。

命题演讲的构思要考虑两个方面：一是演讲稿的写作构思，包括开场白、主体高潮、结尾等，要结合材料进行合理的安排和处理。二是精心设计现场演讲细节，如运用手势、眼神、肢体语言、语气语调等演讲技巧，同时考虑现场效果和听众接受情况。构思完成后，将内容材料撰写成稿，反复修改推敲，形成最终的演讲稿。

2. 演练阶段

演练阶段是命题演讲的重要环节。在演讲中，演讲稿固然重要，但如何完美呈现演讲内容，也是一个不容忽视的问题。

演讲，不是对演讲稿的背诵，更不能照着稿子念。演讲稿只是文字记录，能让演讲者心中有数，而语气语调、停顿、手势、表情等方面的内容，只能通过演讲者的反复演练才能体会出来。所以，演练阶段尤为重要。演练时的精心处理主要涵盖以下几个方面：

(1)熟悉演讲稿件。这就是通常所说的背稿，但不是简单地将内容记下来，而是要把停顿、断句等一并记下来。

(2)把握感情基调。要根据演讲稿的内容做出相应的反应，或平实，或激昂，或欢快，或悲壮。如果感情基调把握不好，就很难将演讲稿所要表现的思想感情准确地表达出来，即便演讲稿写得精彩，演讲效果也会大打折扣。

(3)调整语气语调。将演讲稿转化为有声语言时，要注意语气语调的把握。演讲中的语言应该是抑扬顿挫、有感情起伏的，避免机械背稿。

(4)适当训练态势。即把握演讲中的服饰、手势、身姿和表情。在某些细节和关键之处进行适当设计，能为演讲增添光彩。

3. 演讲阶段

常言道："台上一分钟，台下十年功。"登台演讲是最重要的环节。演讲者在正式的演讲阶段，要注意以下几个关键之处：

(1)登台亮相。

演讲者登台亮相，先站定，后抬头，看听众，向全场投去亲切的目光，也可以轻轻点头或者鞠躬，展现出端庄大方、亲切自然的姿态，给听众留下良好的第一印象。

(2)开场白。

开场白不仅要开得好，而且要开得妙。能在最短时间内抓住听众注意力的开头，才是好的开场白。它既要紧扣主题，又要营造适宜的氛围。通常演讲稿会设计好开场白，演讲者只需在现场恰当呈现即可。

(3)高潮。

演讲的高潮表现在听众的全身心投入，掌声、笑声、欢呼声不断，现场形成强烈的“共振效应”。

在高潮来临之前，演讲者可以运用制造悬念、设置迷阵、情感铺垫等方法造势，也可以利用语气、语调、手势、表情等来强化情感表达，还可以通过反问、比喻、夸张、排比等修辞手法将现场气氛推向高潮。这样才能与观众产生共鸣，达到打动人心的效果。

(4)结尾。

结尾是演讲的“最后一公里”，好的结尾可以使演讲回味无穷。演讲者可以通过简洁有力的总结、富有情感的表达、明确的呼吁和恰当的引用，让结尾成为演讲的亮点，给听众留下深刻印象。

三、案例分析

吴晓波：预见2025

（据原演讲稿概括编写）

尊敬的各位朋友：

大家好！今天，我想和大家聊聊中国经济的未来。我们正处在一个充满不确定性的时代，但即便如此，我们仍然可以从中找到一些确定性。

第一，相信国运的力量。我们只有像信仰宗教一样，相信国运还在，才能在未来五年、十年，仍然努力办好自己的企业。尽管中国经济已经进入中低速发展阶段，但企业家们仍然在“种地”，偶尔抬头看看天，如果天天都是雷电交加，心里就不定了。

第二，放弃对标，勇于创新。以比音勒芬为例，谢秉政说：“经济好，我要奋斗十年添个零；经济不好，我也要奋斗十年添个零。”如今，比音勒芬通过品牌焕新、品类拓展和收购百年品牌，实现了逆势增长。

第三，相信年轻，接受反叛。1688超级工厂大赛让我看到，中国企业正在以全新的姿态走向世界。中国企业出海，不仅是工厂的迁移，更是工业园区的整体开发。

第四，政企携手，协同作战。以绍兴柯桥为例，当地政府和企业共同推动纺织产业的国际化布局，避免产业空心化。这种政企协同作战，是中国企业出海的重要保障。

第五，拥抱 AI，再造产业。从百度的文心一言到各行业的垂直大模型，中国企业在 AI 领域的创新速度令人瞩目。未来，AI 将重塑企业的组织架构，从金字塔型向“手工公章”型转变。

朋友们，尽管前路充满挑战，但只要我们保持信心，勇于创新，就一定能找到属于自己的机会。

谢谢大家！

【点评】

上面这篇命题演讲稿有以下几个优点：

(1)主题明确，聚焦未来趋势。演讲紧扣中国经济未来趋势这一主题，通过五个维度展开论述。这种明确的主题导向与清晰的结构安排，让演讲内容逻辑严谨、层次分明，听众能够轻松把握未来经济发展面临的机遇与挑战。

(2)结合实际案例，增强说服力。演讲中引用了比音勒芬、1688 等企业的实际案例，通过生动的故事和数据，展示了企业如何在不确定的环境中找到机会。这些案例不仅丰富了演讲内容，也增强了演讲的说服力。

(3)语言生动，富有感染力。演讲的语言风格生动幽默，善于用比喻和形象化的语言表达复杂观点。例如，他将 AI 对企业组织架构的改变比喻为“从金字塔型到‘手工公章’型”，让听众在轻松的氛围中理解深刻的经济现象。

(4)PPT 与演讲内容紧密结合，相得益彰。PPT 内容简洁，重点突出，逻辑清晰，结构连贯。图表与数据可视化，提高了信息传递效率。视觉元素与主题契合，提升了感染力。专业性与美观性兼顾，增强了整体质感。

(5)互动性强，引发听众共鸣。演讲中多次提及听众在实际经营与投资中可能遇到的困境和潜在机遇，如“企业家们如何在雷电交加的环境中种地”，这种互动性设计能让听众产生共鸣，提高演讲的吸引力。

(6)内容前瞻性强，提供行动指南。演讲不仅分析了当下经济现状，还对未来趋势进行了预测，为企业家和投资者提供了行动指南。这种前瞻性和实用性，使得演讲具有较高的价值。

(7)情感表达真挚，传递信心。吴晓波在演讲中多次强调“相信国运”“勇于创新”等观点，通过真挚的情感表达，传递了对未来的信心，激励听众在不确定的环境中保持乐观。

随堂练习

1. 以《我竞选班长、学生会主席、人事经理……》为题，写一篇演讲稿，并在课上演讲展示。

2. 请从下面四个命题中选择一个，撰写一篇 2 分钟的演讲稿，要求结构清晰，富有创意。

《人工智能：重塑未来大学生活》

《“内卷”与“躺平”：大学生的生存哲学》
《社交媒体对大学生生活的影响》
《大学教育的价值：知识、技能还是人格塑造?》

第四节　沟通任务：完成即兴演讲发挥

情境导入

在教师节师生联欢会的现场，气氛热烈而欢快，同学们的欢声笑语此起彼伏。然而，在角落里，李明却满脸愁容。他本以为自己只是来参加活动的普通观众，可就在刚才，主持人突然宣布要他上台即兴演讲，向老师表达感激之情。李明的心瞬间揪成一团，他的手心全是汗，心跳得像要冲出嗓子眼。他从未在这么多人面前讲过话，更别提准备演讲了。看着台下密密麻麻的同学和老师，他感到无比紧张和困惑，脑海中一片空白，不知道该如何开口。

一、理论讲解

(一)即兴演讲的含义及类型

即兴演讲是指演讲者在没有事先充分准备的情况下，根据现场情境或给定话题，迅速组织思路并进行当众表达的一种口语交际活动。它要求演讲者具备快速思维、丰富的知识储备以及较强的应变能力。即兴演讲广泛应用在会谈、婚贺丧吊、宴会祝酒、问答面试等交际场合。

即兴演讲的类型可以概括为以下两种：

1. 生活场景式即兴演讲

这种类型通常发生在日常生活中，演讲者因受到现场情境、人物或事件的触动而临时起兴，发表演讲。它强调真实感和情境性，要求演讲者能够迅速捕捉现场氛围并进行表达。

2. 命题测试式即兴演讲

这种类型常用于演讲比赛或测试，演讲者在比赛现场随机抽取题目，然后在短时间内构思并完成演讲。它类似于口头作文，对演讲者的快速思维和语言组织能力要求较高。

(二)即兴演讲的步骤

1. 保持镇定

当你在毫无准备的情况下突然受邀讲话时，首先要从容镇定，做好心理调适，这是极为关键的第一步。感到紧张是再正常不过的现象，但不要把这种紧张情绪视为怯场，而应将其看作一种积极的信号，一种“舞台兴奋”或“舞台狂热”。

2. 构思内容

内容构思的优劣直接影响演讲质量的高低。要尽快构思演讲思路，包括三方面内容：①定话题。选择规定要求说的、你想说的、你能说的、观众想听的话题。②定观点。观点要清晰明确，有一定深度和价值，且具备充分的合理性。③定框架。选择一种合适的结构框架来填充演讲内容，形成完整的演讲材料。

3. 大胆表达

演讲一旦开始，你就要抬头挺胸、神态自若、面带微笑，展现出十足的自信。同时，与听众保持良好的眼神交流，并尽量使用标识语，比如“第一点……第二点……可以看出……综上所述……”，帮助听众跟上你的思路，做到思路清晰、胸有成竹。

二、任务方法

(一)即兴演讲的构思方法

1. 时间顺序

即按照过去、现在、将来的纵向时间逻辑展开演讲。举例：

大家好！很高兴能从四面八方相聚在这里，一起来学习如何演讲。说实话，过去的我只要在公众场合演讲就特别恐惧，今天来参加这个培训班就是想解决这个问题。我相信，通过这几天的学习，未来遇到公众演讲的时候，就不会再紧张了。希望我们能够彼此促进，各自都能收获满满，谢谢大家！

2. 三段式框架

按照“是什么、为什么、怎么办”的逻辑框架，先明确所探讨的现象或问题，接着分析深层原因，最后针对这些原因制定出具体的解决方案。举例：

你是否有过这样的经历：初学骑车时，总是盯着前轮拼命蹬踏板，这样反而更容易摔倒。教练会告诉你：眼睛看向远方，身体自然会调节平衡。这是因为大脑接收远方视野后，能提前预判路线变化，四肢自动微调重心。生活中遇到棘手的难题时，不妨用“骑车法则”来应对：第一，停止将全部注意力聚焦于眼前的困境，就如同骑车时不再死死盯着前轮；第二，为自己建立一个长远目标，将其作为指引方向的“远方锚点”；第三，相信自己的能力，如同骑行者不会去精确计算每一块肌肉该如何发力一样，信任自身能力的自动调节机制。当我们把关注点从“怎么办”转移到“去哪里”时，解决问题的路径自会浮现。

3. 辩证角度

从矛盾的对立统一面出发，对事物不同方面的利弊进行分析，或者对不同事物之间的异同展开比较。举例：

网络语言是时代的产物，它简洁、幽默，让交流更有趣、更高效。它也充满创意，能快速反映社会热点，成为流行文化的一部分。但网络语言也有弊端。一些低俗、不规范的表达，可能污染语言环境，误导青少年。过度依赖网络语言，还会削弱我们对传统语言的运用能力。网络语言是一把双刃剑，我们既要接纳它的创新，也要警惕它的负面影响。希望大家能理性使用，让语言在新时代绽放光彩！

4. 逆向思维

换个视角，从相反方向进行思考，提出与原有观点相对或相反的看法，着重挖掘事物反面所蕴含的积极意义。举例：

他在专家面前展示自己的技艺，却被围观者嘲笑“班门弄斧”。这则典故常被用来讽刺自不量力者，但从另一个角度看，他展现的正是当今社会稀缺的突破精神。在权威的高墙之下，他敢于将自己的创意置于阳光下，用颤抖的双手叩击行业泰斗的大门。这种直面差距的勇气，恰恰是突破平庸的起点。若无第一个在鲁班面前举起斧头的人，木工技艺又如何能突破既有范式？创新往往始于看似可笑的尝试，正如蝴蝶破茧时的笨拙挣扎，恰是飞翔的前奏。

5. 深挖内涵

即透过现象看本质，要深入分析表面现象背后的根本原因或核心问题。举例：

厨房里用旧的海绵总是发黑发臭，主妇们习惯用力拧干挂在通风处。真正让它重获新生的不是阳光，而是每次使用后主动挤干水分。我们的大脑何尝不是如此？那些抱怨“学不进去”的人，往往像吸满脏水的海绵，守着旧观念不肯放手。知识的更新不在于疯狂吸收，而在于像挤海绵一样，定期清空固有认知。下次当你拧干抹布时，请记住：留出空隙，才能装下新的智慧。

6. 发散思维

面对同一问题，激发思维的活力，探寻数量众多的答案，在解决问题的过程中积极开拓不同的可行途径。举例：

如果你家厨房的窗帘杆突然断裂，你会直接冲向五金店吗？不，你可以取下三个旧衣架，将衣架拉直后首尾相连，弯折出波浪形支架，用尼龙绳固定在窗框上——旧衣架就此变身罗马帘骨架。这个金属弯钩的传奇不止于此：它能撬开卡死的推拉窗轨道，可以勾出滚进沙发底的药瓶，还能在野餐时串起烤肠充当临时烤叉。衣架教会我们：生活中90%的困境都不需要新工具，只需要重新定义旧事物的能力。就像魔术师能把扑克牌变成利刃，普通人也能通过思维重组，让平凡物件在特定场景中绽放神性。下次遇到难题时，请先问自己：衣架还能是什么？

(二)即兴演讲的表达技巧

1. 准备方面

要通过刻意练习提升思维敏捷性和语言表达能力，同时积累丰富素材以应对各种主题，从而迅速组织出有条理、有深度的精彩演讲。

2. 结构方面

即兴演讲要呈现“淡开头(平缓起势)、趣主体(注重生动性)、响结尾(精彩收尾)”的形式特点，这与命题演讲有所区别。

3. 内容方面

要善于巧借与主题有关的人、事、物等寻找话题材料，可以以时为题、以景为题、以人为题、以物为题、以言为题、以情为题。

4. 语言方面

在语言运用上要注重灵活润色。可巧妙运用举例子、打比方、讲故事、列数据等方法，并且适度增添幽默元素，如此能让表达更生动形象、具体可感。

三、案例分析

(一)例文评析

在教师节师生联欢会上，李明被主持人点名上台即兴演讲，向老师表达感激之情。他是这样讲的：

> 大家好！今天我站在这里，心里特别紧张，因为我从来没想过会被点名上台讲话。其实，我也不知道该说些什么，老师们都对我很好，教了我很多知识，让我学到了很多东西。我真的很感谢他们。
>
> 记得有一次，我考试没考好，心情特别低落。老师看到了，就过来安慰我，还帮我分析错题。从那以后，我就开始努力学习，成绩也慢慢提高了。老师真的很辛苦，每天要备课、上课，还要批改作业。他们不仅教会了我们知识，还教会了我们做人的道理。
>
> 总之，我想对老师们说一声：“谢谢！”希望你们能感受到我们的感激之情。

【点评】

李明的即兴演讲稿存在以下问题：

(1)缺乏结构：演讲内容杂乱无章，没有清晰的开头、主体和结尾。

(2)缺乏深度：观点过于肤浅，没有深入挖掘老师对学生成长的影响。

(3)缺乏情感：语言平淡，没有感染力，难以打动听众。
(4)缺乏细节：没有具体的例子来支撑观点，显得空洞。
(5)缺乏逻辑：内容跳跃，缺乏逻辑连贯性，听众难以跟随其思路。

(二)例文修改

尊敬的老师、亲爱的同学们：

大家好！今天，我怀着无比激动的心情站在这里，想和大家分享一个关于“感恩”的故事。

过去，我曾是一个对学习毫无热情的学生，成绩总是不尽如人意。直到有一天，我的语文老师注意到了我。她没有批评我，而是微笑着递给我一本课外书，说：“试着读读看，也许你会从中找到乐趣。”从那以后，我开始在书的世界里遨游，也渐渐爱上了学习。老师就像一盏明灯，照亮了我前行的道路。

现在，我坐在教室里，不再是那个迷茫的少年。我学会了努力，学会了坚持，也学会了感恩。每当我取得一点进步，老师总是第一个为我鼓掌；每当我遇到困难，老师总是第一个为我加油。他们不仅教会了我知识，更教会了我如何面对生活中的挑战。

未来，无论我走到哪里，我都不会忘记老师的教诲。我会努力成为更好的自己，用实际行动回报老师的付出。我想对所有老师说：“您们的付出，我们永远铭记。您们不仅是知识的传递者，更是我们人生的引路人。”

最后，我想用一句话结束我的演讲：“感恩老师，感谢有您！”谢谢大家！

随堂练习

1. 4 名同学组成一个小组，列出 5 个即兴演讲题目，每人选取一个话题，进行 1 分钟的演讲。给每位演讲者的表现打分，指出他的优点和不足，演讲者在吸取修改意见的基础上再做一次演讲。

2. 向全班同学推荐一种家居用品，准备 1~2 分钟的即兴演讲，要求在该产品的用途上另辟蹊径，在课上发表演讲。

项目五
谋求理想职位

第一节　写作任务：撰写个人求职文书

情境导入

李华，女，21 岁，湖北人，现在××师范学院学前教育专业学习，主修了学前教育学、心理学、保育学等课程，课程平均成绩为 90.19 分，将于今年 6 月毕业。在××幼儿园实习期间，荣获“优秀实习生”称号。在校期间，担任学习委员一职。今日，武汉市××幼儿园在其公众号上发布了招聘信息，李华对幼儿园配班教师岗位很感兴趣。该岗位具体要求如下：学前教育本科及以上学历；有教师资格证；应届毕业生优先。李华自身条件与岗位要求相匹配，但她却不知该如何撰写求职信。

一、理论讲解

（一）求职信的含义及分类

求职信，也叫自荐信，是求职者依据用人单位的招聘广告或其他渠道获取的具体信息，针对特定用人单位的特定工作岗位所撰写的专用书信。它以自我介绍的形式，主动向用人单位展示自身的能力、特长与素质。求职信是求职者与用人单位之间重要的沟通桥梁，能让双方增进了解。对求职者而言，其重要性不言而喻。

通常，求职信可根据求职者的身份可以分为以下三种类型：

1. 应届毕业生的求职信

应届毕业生是指在应该毕业的年份即将毕业或已经毕业的学生。每年，都有大量应届毕业生有求职需求，他们在求职过程中，与用人单位的初步沟通很多时候是借助求职信来实现的。

2. 待业人员的求职信

对于那些完成学业后尚未找到工作单位的人，以及已离职而正处于求职状态的人而言，发送求职信也是他们积极谋求新工作岗位的重要途径。

3. 在岗者的求职信

有些已经入职的人员，由于对当前岗位不满意或不适应，为了争取更理想的工作机会，往往会向其他用人单位投递求职信。

（二）求职信的特点

1. 定制性

求职信的核心目标是助力求职者成功获得心仪的工作。因此，求职信应针对不同的行业、不同的公司或不同的岗位展开定制，不存在一篇万能的“通用模板”。这种定制性可以更好地帮助求职者展示自己对行业、企业文化以及具体职位的认知程度。

2. 全面性

求职信是一种以书面形式对自己的个人能力、经历、业绩、素质、品格进行全面展示的书面载体。因此，在撰写求职信的过程中，求职者应全面展示自身与职位高度契合的现有条件和潜在优势，以凸显自己与岗位的匹配度，使用人单位全面地了解自己，从而增加获得该职位的机会。

3. 客观性

求职信是呈现个人履历、品格素质、业绩成果的重要材料。因此，撰写求职信应遵守实事求是的原则，确保内容客观真实，严禁随意编造或夸大事实。

4. 书面性

求职信属于正式书信，与口语化的自我介绍有明显差异。在语言表达上，求职信应使用规范、正式的书面用语；在格式方面，要严格遵循商务信件的格式规范。

二、写作方法

（一）求职信的结构

求职信通常是伴随简历一同寄给招聘单位的，目的是展示求职者与岗位的匹配度，以吸引用人单位的注意，进而获得笔试、面试机会。因此，一封好的求职信应符合书信体格式，内容清晰简洁，能体现求职者的个性，突出其个人能力和对岗位的热情。求职信的基本结构包括以下几个部分：

1. 标题

求职信的标题通常简洁明了，目的是吸引招聘经理的目光，并清楚地展示求职者最基本的信息。若招聘方对标题格式有明确要求，求职者则务必严格按照要求拟定标题。以下是五种常见的求职信标题格式：

(1)应聘职位名称。如：

应聘客户经理岗位
应聘双语幼儿教师岗位-[姓名]

(2)专业领域+应聘职位。如：

教学秘书岗位申请-[姓名]
建筑行业-建筑师职位应聘

(3)突出技能或特长。如：

具备高级数据分析能力的候选人-[姓名]
英语同声传译能力-翻译职位应聘

(4)直接简洁。如：

工作申请
求职信

(5)个性化标题。个性化标题较少见，但可以用于创意行业或当你需要展示独特性时。如：

具有创新思维的市场营销专家-[姓名]

2. 称谓

称谓部分是求职信与招聘方的首个正式接触点，因此保持其专业性非常重要。如果事先知道招聘负责人的姓名，在称谓中使用该名字能让求职信更显针对性，增强与招聘方的亲近感。若无法获取具体姓名，使用泛称也是可行的，不过相比使用具体名字，泛称在给人留下深刻印象方面可能稍显逊色。称谓主要有两种写法：

(1)如果知道收信人的名字和职位，可使用"尊敬的"加上对方的名字和职称来称呼，例如"尊敬的李先生"或"尊敬的张经理"。

(2)如果不知道收信人的具体信息，只知道公司名称，可以使用"尊敬的招聘经理""尊敬的招聘团队"或"敬启者"等来称呼。

3. 正文

求职信的正文是整封信件的核心所在，它需要有策略地展示个人技能、经验和对职位的热情。撰写时，要确保求职信具有高度的针对性，内容简洁清晰，杜绝出现错别字。每一个段落都应紧密围绕主题展开，剔除冗余信息，确保每一个字词都服务于求职这一核心目的。以下是写作求职信正文的参考步骤：

(1)第一段：介绍你是如何得知这个工作机会的，以及为什么你对这个职位感兴趣；可以简要提及你对公司的了解，展现你对公司的研究和兴趣。

(2)第二段：突出你的专业技能和工作经验，特别是那些与所申请岗位最相关的；提供具体的例子或成就来证明你的能力和经验。

(3)第三段：说明你为何是该职位的理想候选人，包括任何特别的技能或资质；强调你能够如何融入公司文化并对公司作出贡献。

(4)结束语：明确表示希望得到面试的机会，以进一步讨论你如何为公司带来价值；表达对于招聘经理阅读你信件的感谢。

4. 祝颂语和落款

在求职信中，祝颂语和落款是信件结尾的专业部分，它们传达了求职者的礼貌和对读者的尊重。

祝颂语通常使用传统的结束语，如“此致，敬礼”“敬上”或“顺祝商祺”。落款要包含求职者姓名、日期和联系方式。签名时，通常在祝颂语下方空一行，然后靠右写下求职者的签名。若为电子文档或打印文件，应在签名处直接写上求职者姓名。日期要完整呈现年、月、日。最后，务必在信件最下方附上联系信息，包含电话号码和电子邮箱地址。

5. 附件

在求职信中提到附件，主要是为了明确随信一并发送的其他关键文件，诸如简历、推荐信、成绩单、学历学位证明等。提及这些附件，目的在于确保招聘经理能留意到它们，同时强调这些文件对于申请该职位的重要意义。

(二)求职信的写作要求

1. 内容上有的放矢、突出亮点

求职信是求职者全面展现个人与岗位匹配度的重要工具，也是用人单位了解、考察、衡量求职者个人能力的首要依据。因此，求职者在撰写求职信前，务必充分了解目标公司的特点、用人单位的招聘需求以及具体岗位的要求。求职信的内容需根据公司特色、岗位特点，有针对性地提供自己的背景资料，切忌“一信多投”。

2. 语言上谦逊得体、态度诚恳

求职信的整体语言风格既不可谦虚过度，也不可自信过满。具体来说，求职信的撰写不可滥用、乱用简称，也不可要求用人单位在规定时间内予以答复。求职者需要在简短的文字中保持谦逊、诚恳的态度，称颂适当，体现对用人单位的高度尊重。

三、案例分析

(一)例文点评

“情境导入”中的李华同学在学习本课前，初步撰写了一封求职信，原文如下：

尊敬的招聘负责人：

我无意中在网上看到了你们公司的招聘广告，觉得这个工作挺不错的，所以我就写封信给你了。

我是一个即将毕业的大学生，说实话，没有什么工作经验。我对这个岗位的要求也不是很清楚，但我相信我能干好。

至于工资嘛，当然是越多越好了。我下周三有时间，我希望能在下周三进行面试，所以可以在本周内给我答复吗？

我的简历在附件，请你看看。

此致

敬礼

【点评】

李华的求职信初稿存在以下问题：

(1)缺乏标题。求职信没有标题，给人不专业的印象。

(2)态度随意。语气显得过于随意、漫不经心，缺乏应有的正式感和专业度。

(3)信息含糊。没有明确说明申请哪个职位，也没有展示对该公司或职位的了解和兴趣。

(4)能力陈述不清。没有具体说明自己的技能和经验，更没有与所申请的职位要求相对应的能力描述。

(5)薪资要求不切实际。一开始就谈论薪资，并表现出一种不切实际的态度，这在求职初期是不合适的行为。

(6)时间安排不合理。要求用人单位在规定时间内答复并自己要求在规定日期面试，未体现对用人单位的尊重。

(7)缺少礼貌和敬业精神。整体给人的印象是既不尊重招聘方，也不认真对待这次求职机会。

(8)结构混乱。整个信件结构松散，没有清晰的开头、主体和结尾。

(9)结束语不当。“请你看看”这种口吻非常不适合用在正式的求职信中。

(10)缺少落款。不符合信件的标准格式。

以上问题都会导致招聘官对该求职者产生负面印象。正确的求职信应该体现出职业性、热情、对岗位的了解以及对细节的关注。

(二)例文修改

李华在学习完本课后，对求职信进行了修改，并顺利获得了求职机会，让我们看看修改后的求职信是怎样的吧！

求职信

尊敬的××幼儿园园长：

您好！

感谢您的百忙之中阅读我的求职信。我是来自湖北的李华，一名即将于今年6月毕业于××师范学院学前教育专业的21岁女生。得知贵园在招聘信息中寻找配班教师，我由衷地感到兴奋，并希望能有机会加入武汉市××幼儿园这个大家庭。

在××师范学院的学习生涯中，我主修了学前教育学、心理学、保育学等课程，成绩优异，平均分为90.19分。不仅在学术上追求卓越，我还注重实践能力的培养。在××幼儿园实习期间，我以全面细致的教学风格和对孩子们真挚的爱心，赢得了“优秀实习生”的荣誉称号。在校期间，我还担任了学习委员一职，培养了良好的组织协调能力和团队合作精神。

我深知贵园对教师的专业素养和教学能力有着极高的要求。我的教育理念与贵园的教育方向高度契合，且我持有教师资格证，完全符合贵园对配班教师岗位的要求。作为一名应届毕业生，我渴望将在校所学运用到实际工作中，为幼儿的成长和发展贡献自己的力量。

选择我，您将获得一名充满活力、热爱幼教事业的青年才俊。我期待有机会参与贵园的教学活动，与孩子们共同成长，并为武汉市××幼儿园的发展献上自己的一份力。

感谢您阅读这封求职信，期待能有机会与您面谈，进一步讨论我能为贵园作出的贡献。请您考虑我的申请，我将随时恭候您的回复。

此致

敬礼

李华敬上
2024年4月4日
联系电话：×××

【修改说明】

本封求职信有以下优点值得学习：

(1)内容上充分体现了个人的专业性和独特个性，充分考虑了用人单位的用人需求，明确列举了自己的主修课程、个人专长、技能证书等信息，以证明自己与目标岗位的匹配度。

(2)语言上既不过分主观，又不显得自负。一切信息都建立在实事求是的基础之上，态度诚恳得体。

随堂练习

1. 你即将从××师范大学英语教育专业毕业，在招聘网上看到了××英语培训机构初中英语教师岗位的招聘启事。此岗位需要应聘者具有扎实的英语基础知识，熟悉初中英语教材和教学方法，有一定的课堂管理能力。请根据自身的专业学习情况、实习经历以及个人优势，撰写一封求职信。

2. 假设你是王林，今年即将毕业于××学院计算机科学与技术专业。你得知你家乡的一家知名科技公司——××网络科技有限公司正在招聘软件开发工程师。该岗位要求招聘者具有扎实的专业技能、团队合作精神和良好的沟通能力。在校期间，你不仅学习了多种编程语言(包括 Java、Python 和 C++)，还在班级中担任班长一职。此外，你还获得了国家奖学金，并在多个编程竞赛中获奖。请根据这些信息，写一封针对该职位的求职信。

第二节　写作任务：编写岗位竞聘材料

情境导入

在公司默默耕耘数年的李华，一直渴望在职业道路上更进一步。某天，他看到董事长助理岗位的竞聘通知，瞬间心动。他深知，这不仅是晋升机会，更是参与公司核心事务的难得契机。李华迅速行动，深入研究岗位需求和公司战略，梳理过往成果，精心撰写竞聘材料，反复打磨后终于完成。但他没有松懈，意识到竞聘演讲同样关键。此后，他利用业余时间对着镜子练习姿态、表情、语气，还模拟现场问答。竞聘演讲当天，李华身着正装，自信地走上演讲台，手中紧握着凝聚心血的材料，台下目光齐聚，他的职业新征程即将开启。

一、理论讲解

(一)岗位竞聘材料的含义及分类

岗位竞聘材料是指在竞争特定工作岗位时，竞聘者向用人单位或相关评审人员提交的，用于展示自身能力、经验、业绩以及对目标岗位的理解和工作规划等内容的书面材料。其主要分类有：竞聘报告，全面阐述竞聘者各方面情况；竞聘申请表，多以表格形式呈现竞聘者基本信息、工作经历、技能特长等，方便用人单位快速筛选。

其中，竞聘报告是最常见的形式。它是竞聘者在参与特定岗位竞聘时，向组织、领导或评审委员会等呈上的书面材料。这份报告全面涵盖了竞聘者对自身情况的介绍、对竞聘岗位的认知以及未来工作的规划等内容，意在全方位展示自身能力与优势，以争取获得该岗位的晋升机会。本节将以竞聘报告为例，针对性地讲解其写作方法与技巧。

（二）岗位竞聘材料的特点

1. 定制性

岗位竞聘材料应紧密围绕竞聘岗位的要求与职责，着重突出自身与岗位相匹配的能力和经验。如同求职信一样，它应根据不同岗位的具体要求量身定制，并不存在适用于所有岗位的“通用模板”。竞聘者要充分了解岗位需求，有针对性地展现自身特点。

2. 客观性

竞聘材料是展示自己个人履历、品格素质和工作业绩成果的重要材料。因此，所陈述的内容必须真实可靠，用事实和数据说话，避免夸大其词，绝不能弄虚作假。

3. 竞争性

岗位竞聘材料要能够突出自身优势，展现独特价值，从而帮助竞聘者在竞争中脱颖而出，赢得岗位。

4. 预见性

岗位竞聘材料不仅要回顾个人过往经历，展示自身条件，还需针对竞聘岗位的未来工作提出切实可行的规划与设想。竞聘者要对目标岗位未来可能遇到的情况、发展趋势以及相应的应对措施进行合理预测和前瞻性规划，以此体现对行业和岗位的深入理解。

二、写作方法

（一）竞聘报告的结构

竞聘报告通常是用人单位了解竞聘者的第一手材料，也是用人单位开展竞聘者筛选工作的首要环节。一篇好的竞聘报告，除了像求职信一样详细阐述自己与岗位相关的知识与能力之外，还应深入分析自己对竞聘岗位的理解，并重点探讨竞聘成功后的职业规划。竞聘报告的基本结构包括以下几个部分：

1. 标题

竞聘报告标题的拟定，主要目的是明确所竞聘的岗位，同时清晰展示竞聘者的基本信息。常见的标题写法有以下两种：

（1）直接点明式。可直接呈现竞聘岗位，如“某人关于某岗位的竞聘报告”，必要时也可省略个人姓名，写成“关于某岗位的竞聘报告”。这种标题简洁直观，能让阅读者迅速了解核心内容。

（2）主副结合式。采用主副标题的形式，主标题突出竞聘理念或目标，副标题则说明竞聘岗位，例如“创新驱动、引领发展——市场部经理竞聘报告”。相较于直接点明式标题，它更能凸显竞聘者的优势，但在简洁性上略有不足。

此外，部分用人单位会在竞聘通知里对标题格式作出明确规定。比如，有的单位要求标题格式为“姓名+竞聘岗位”。因此，在撰写竞聘报告前，应仔细研读竞聘通知，若对标题格式有限制，务必严格遵循单位要求拟定。

2. 称谓

称谓是竞聘报告与评审方的首个正式接触点，应顶格书写对评委、领导或参与评审人员的称呼，如“尊敬的各位领导、评委”，语言应表达出尊敬且恰当得体。若提前知晓评审人员的姓名，使用人名会让竞聘报告更具针对性。

3. 正文

竞聘报告的正文是材料的核心部分，它既要全面地展示个人工作业绩、经验和对竞聘岗位的热情，又要阐述自己未来的职业规划。因此，必须确保竞聘报告有较强的针对性，围绕应聘岗位展开，内容简洁明了但又不失全面性。以下是写作竞聘报告正文的参考步骤：

(1)开头。简要介绍自己的基本情况，包括姓名、年龄、学历、工作经历等，重点突出与竞聘岗位相关的学习和工作背景；可以简要提及对竞聘岗位的了解，表达对竞聘岗位的向往和对此次竞聘机会的珍视，为下文展开论述做铺垫。

(2)主体。主体部分通常可按照以下三个段落展开阐述：

①个人优势展示。详细介绍自身与竞聘岗位相关的工作经验、专业技能、取得的成果等，可结合具体事例和数据，增强说服力。例如，曾参与过哪些重要项目，在项目中担任的角色和取得的成果；拥有哪些专业证书或特殊技能，能够为新岗位带来什么价值等。

②岗位理解剖析。深入分析该岗位在组织架构中的地位、发挥的作用以及具体职责，同时探讨该岗位面临的机遇与挑战。通过展示对岗位的深度思考，体现自己对工作的关注程度和敏锐洞察力。

③未来工作规划。这是竞聘报告的核心内容之一。需要明确指出，如果竞聘成功，在未来一段时间内(短期1~2年、中期3~5年、长期5~10年)的工作目标、工作计划和实施措施。工作目标应具备具体性、可衡量性、可实现性、相关性和时限性，实施措施要有可操作性和创新性，以此展现自己对新岗位工作的清晰思路和驾驭能力。

(3)结尾。总结全文，再次强调自身优势与岗位的匹配度。

(4)结束语。明确表示希望得到晋升的机会，进一步表达对未来工作的期待，同时向评审人员表示衷心的感谢。

4. 落款

竞聘报告的落款部分位于正文之后，起着明确报告责任人与时间的作用。通常包含竞聘者姓名和日期。姓名写在第一行，用真实姓名，无须添加修饰词；日期在姓名的下一行，具体到年、月、日，体现报告的时效性。

5. 附件

竞聘报告中的附件，通常是用来证明工作业绩的重要文件，比如荣誉证书、行业资格证书等。附件是对正文内容的有力补充，能更全面地展示竞聘者的能力、经验和业绩，增强竞聘报告的可信度与说服力。

(二)竞聘报告的写作要求

1. 结构严谨清晰

竞聘报告应具备规范的结构，包含明确指向竞聘岗位的标题、表达尊敬恰当的称谓、内容丰富的正文(涵盖自身情况、对岗位的理解以及工作规划)，以及包含署名和日期的落款。各部分之间连贯有序，形成一个整体。

2. 内容真实准确

报告中所阐述的工作经历、项目成果、专业技能、业绩数据等必须真实可靠，要以实际发生的事实和确切的数据作为依据。例如，在提及过往项目的业绩增长情况时，要精确到具体数值，可附上相关的项目报表作为支撑。

3. 语言简洁明了

报告行文应简洁流畅，避免使用冗长复杂的句子结构和生僻晦涩的词汇。应运用通俗、直接的语言来表达观点和阐述内容。可以将复杂的长句拆分成几个短句，避免过度修饰和堆砌辞藻。

4. 突出重点亮点

由于篇幅有限，要在报告中着重呈现自身最具竞争力的优势、最突出的工作成果和最具创新性的工作思路。避免平均分配笔墨，对关键内容要详细阐述，并通过具体事例和数据加以支撑。比如，在阐述个人优势时，可将获得的重要奖项、主导完成的重大项目等作为重点内容详细介绍。

三、案例分析

(一) 例文点评

"情境导入"中的李华同学在学习本课前，初步撰写了一篇竞聘报告，原文如下：

尊敬的领导：

我叫李华，今年28岁了，大学学的是×××，毕业之后就一直在咱们公司工作，到现在也有6年了。我觉得自己工作一直都很努力，也取得了一些成绩，所以来竞聘董事长助理这个岗位。

在过去的工作历程中，我曾投身于多个项目。尽管部分项目细节记忆稍显模糊，但我确信自己在其中扮演了关键角色。此外，我与同事协作紧密，在共同完成任务的过程中，收获了良好的工作反馈。我自认为具备出色的沟通能力，能够与同事维持良好的工作关系。同时，我对待工作认真负责，始终秉持竭尽全力完成领导交付的任务的态度。我的简历在附件，请你看看。

对于董事长助理这一岗位，我深知其职责重大。然而，目前我对岗位的具体工作内容和职责尚未进行深入探究，大致认为该岗位主要负责协助董事长处理日常事务，我坚信自己能够胜任此项工作。若我有幸竞聘成功，我定会全力以赴，努力完成领导交办的各项任务，为公司的发展贡献力量。

我深信自己具备胜任董事长助理岗位的能力，期待领导给予我这次宝贵的机会。

此致

敬礼

李华

2025年2月22日

【点评】

这篇竞聘报告存在以下问题：

(1)缺乏专业标题。竞聘报告没有标题，没有直接点明竞聘岗位。

(2)态度随意。语气显得过于随意，“咱们”“看看”等大量口语词的使用使得文章显得不够正式。

(3)内容空洞无物。在阐述个人工作经历和成果时，没有具体的项目名称、项目背景、执行过程以及取得的量化成果等关键信息。例如“曾投身于多个项目”，却未提及任何一个项目的关键细节，如项目规模、解决的关键问题、带来的经济效益等，难以让评审者判断其实际工作能力和价值。

(4)岗位认知严重不足。对于董事长助理这一岗位，仅简单认为是“协助董事长处理日常事务”，没有深入分析岗位的核心职责，如参与公司战略规划制定、协调各部门工作、处理重要客户关系等，也未提及对公司业务和行业动态的了解，无法体现对岗位的深刻理解和胜任岗位的准备。

(5)缺乏明确规划。当提及竞聘成功后的工作打算时，只是简单地说“全力以赴，努力完成领导交办的各项任务”，没有制定具体的工作计划、目标和实施步骤，缺乏可操作性和前瞻性，不能让评审者看到其对未来工作的清晰思路和规划能力。

(6)优势阐述缺乏说服力。在描述自身优势时，如沟通能力和责任心，缺乏具体事例支撑。“与同事协作紧密”“收获了良好的工作反馈”这样的表述太过笼统，没有具体事件说明其在团队协作中如何发挥沟通优势去解决问题，无法有力证明其具备董事长助理岗位所需的关键能力。

(7)格式方面存在问题，竞聘报告无须使用祝颂语。

上述问题会在很大程度上影响竞聘的成功率，无法展示个人价值，难以帮助竞聘者得到领导的信任与认可。

(二)例文修改

李华在学习完本课后，对竞聘报告进行了修改，并顺利获得了进一步参加竞聘演讲的机会，让我们看看修改后的竞聘报告是怎样的吧！

李华关于董事长助理的竞聘报告

尊敬的领导：

您好！

我是李华，28 岁，毕业于湖北××学院的××专业。过去 6 年在公司不同岗位积累了丰富经验，熟悉公司业务，现竞聘董事长助理岗位。

在过去 6 年的工作中，我曾主导“智能家居中控系统智能化升级项目”。面对市场竞争，公司决定升级产品。项目旨在提升系统响应速度、兼容更多设备、优化交互界面，原定半年完成。开发中，系统与某知名品牌智能音箱、摄像头连接不稳定，我带领团队优化通信协议与传输算法，成功解决问题，提前2个月交付。项目上线后，为公司带来超500万元新增收益，目标市场份额从8%提升至12%。此外，我还协助市场部开展“智能家居暑期促销活动”，与多部门协作保障产品交付，活动期间产品销量增长30%，销售额增长35%。

对于董事长助理这一岗位，我认为其不仅是董事长的得力助手，更是公司战略决策的重要参与者和推动者。通过对公司过往5年业务数据的分析，我发现公司在市场拓展方面，每年的增长率约为10%，但在部分新兴市场的渗透率仍较低，仅为5%左右。这就需要董事长助理协助董事长制定更具针对性的市场策略。该岗位需要深入了解公司的整体运营状况，具备卓越的沟通协调能力，能够高效地整合内外部资源，协助董事长制定并执行公司战略规划，处理各类复杂的商务事务和突发事件。同时，要时刻关注行业动态和市场变化，为公司发展提供有价值的决策建议。

若我竞聘成功，短期会梳理董事长工作流程，1个月内将事务处理效率提高30%，会议准时率达95%以上；中期深入各部门调研，半年内降低跨部门项目沟通成本20%，缩短交付周期15%；长期协助董事长制定战略，未来3年推动公司市场份额提升20%，年营收增长15%以上。

我相信凭借我的专业能力、丰富经验和对公司的深厚了解，定能胜任董事长助理这一岗位，为公司的发展贡献更大的力量。

感谢您给予竞聘机会，期待得到认可。

李华

2025年2月22日

【修改说明】

这篇竞聘报告有以下优点值得学习：

（1）内容翔实具体。讲述其主导的“智能家居中控系统智能化升级项目”时，对项目背景、目标、遇到的技术问题及解决办法都有细致阐述，还给出提前交付时间、新增收益、市场份额提升数据等，极具说服力。

（2）语言简洁清晰，表达流畅，没有冗余表述。逻辑结构严谨，先介绍自身情况与经历，再阐述对岗位的理解，最后规划未来工作，层层递进，条理分明，能让评审者快速把握重点，了解竞聘者优势与岗位适配度。

随堂练习

1. 假设你就职于一家电子产品研发销售企业，公司正面临激烈的市场竞争，计划开拓新消费市场。现内部竞聘市场部经理，负责市场战略制定、团队管理及营销策划。你在公司工作5年，历任市场专员、主管，主导了3次大型营销活动，每次活动使产品销量增长30%以上，与5家知名媒体达成合作，参与新产品市场调研并提供关键数据支持。请撰写一份市场部经理竞聘报告，要求结构完整、内容翔实、语言准确、逻辑清晰，不少于800字。

2. 某重点中学正计划大力提升学生综合素质，现校内竞聘“综合素质拓展中心”主任。该岗位需规划活动，管理团队，对接校外合作。你任教6年，教学成绩突出，曾带学生参加市级科技创新大赛获一等奖，还参与了学校与高校的合作项目，负责学生交流活动协调。请据此撰写一份竞聘报告，要求格式规范、内容充实、语言准确、逻辑清晰，不少于800字。

第三节　沟通任务：充分准备求职面试

情境导入

在繁华的大城市，毕业生李华带着遗憾的心情走出了一座摩天大楼。就在这座大楼中，李华经历了一场对他而言足以决定人生命运的求职面试，面对六位面试官审视的目光，他感觉自己的表现糟糕透顶。李华虽性格内向，但他在大学期间刻苦学习，掌握了扎实的专业技能并取得了优异的学业成绩。毕业季来临，李华和大多数应届毕业生一样，开始了自己漫长的求职之路。起初，他投递了数十份简历，虽获得了几次面试机会，但面试完后却迟迟没有回音。他每天都会无数次地刷新邮箱，然而“收件箱”总是空空如也，希望一次次破灭，他的心也一次次沉入谷底。

其实，李华自身条件并不差，可一到面试时，面对面试官的提问，他就紧张得手心冒汗、心跳加速，大脑一片空白，常常语无伦次，原本准备好的答案也忘得一干二净。不过，李华并没有被挫折打倒。他开始静下心来，认真反思自己的面试策略，决心找出问题所在。那么，李华究竟该怎么做，才能顺利通过未来的面试呢？

一、理论讲解

（一）求职面试的含义及类型

求职面试是用人单位的面试官在指定时间、指定地点对求职者进行面对面的交谈与考察，最后确定求职者是否符合用人单位招聘需要的考核形式。求职面试通常安排在笔试之后，是求职成功的一道重要关卡。不同的用人单位，对求职面试的安排与考察方式会有所不同。比如，公务员面试常常采用结构化面试的形式，面试问题既考察求职者对所聘岗位的专业知识，又考验求职者个人的文化素质；而教师资格证面试则采用结构化面试、试讲与答辩相结合的形式，以考察求职者的职业道德、综合素质与学科知识能力。

（二）求职面试的测评内容

一般来说，在面试环节，面试官主要从以下六个方面对求职者进行测评：

(1)仪容仪表：关注求职者的穿着打扮、仪态举止是否得体大方，展现出良好的精神面貌与职业素养。

(2)应变能力：考察求职者在面对突发问题或意外状况时，能否迅速作出反应，灵活应对并妥善解决。

(3)专业知识：检验求职者对所应聘岗位相关专业领域的理论知识掌握程度与理解深度。

(4)实践经验：解求职者过往参与的实际项目、工作经历等，评估其将知识应用于实际工作的能力。

(5)爱好特长：探询求职者的兴趣爱好与特殊技能，以判断其性格特点、潜在优势及与团队的契合度。

(6)综合软实力：衡量求职者的沟通能力、团队协作精神、责任心、学习能力等多方面的综合素质。

二、面试技巧

(一)面试前

1. 了解公司及职位

研究公司背景信息、企业文化、业务领域及行业地位。仔细研读职位描述，明确岗位职责和要求。

2. 准备常见问题

提前练习自我介绍，突出与职位相关的经验和技能。准备回答常见问题，如“为什么选择我们公司?”“你的优缺点是什么?”。

3. 整理材料

确保简历、作品集、推荐信等材料齐全且内容最新。准备多份简历副本，以应对多位面试官同时索要的情况。

4. 模拟面试

与朋友或家人进行模拟面试，熟悉面试流程，提升自信。录制模拟面试过程，检查自己在语言表达、肢体动作等方面存在的问题并加以改进。

5. 规划路线和时间

提前查询面试地点的具体位置和交通状况，规划好出行路线，确保能够准时到达面试现场。预留足够的时间，以应对可能出现的交通拥堵等突发状况。

(二)面试中

1. 保持良好形象

穿着应得体适宜，与公司文化和应聘职位的要求相契合。始终保持微笑，展现出积极向上的态度。

2. 注意沟通技巧

回答问题时要清晰、简洁，避免表述冗长或含糊。认真倾听面试官的问题，确保完全理解后再作答，展现出专注和专业。

3. 展示相关经验

运用具体事例来说明你的能力和成就，突出与目标职位的匹配度。可采用 STAR 法则（情境、任务、行动、结果）来组织答案，使回答更具逻辑性和说服力。

4. 提问环节

提前准备几个与职位或公司相关的问题，展示你对这份工作的兴趣和思考。除非面试官主动提及，否则应避免询问薪资、福利等敏感话题。

5. 保持自信与礼貌

即便遇到难题，也要保持冷静沉着，展现出解决问题的能力和信心。面试结束时，真诚地感谢面试官给予的时间和机会。

（三）面试后

1. 及时跟进

面试结束后的 24 小时内，发送感谢邮件，在邮件中表达对获得面试机会的感激之情，再次强调自己对该职位的浓厚兴趣。简要回顾面试中的要点，突出自身优势。

2. 自我反思

仔细回顾面试表现，找出可以改进的地方。记录面试中遇到的问题，为今后的面试积累经验。

3. 耐心等待

如果面试官给出了明确的回复时间，应耐心等待。如果超出约定时间未收到回复，可以礼貌地发送邮件询问进展。

4. 继续求职

在正式收到录用通知之前，不要停止投递简历或参加其他面试。保持积极的心态，继续寻找更多的就业机会。

5. 总结经验

无论面试结果如何，每一次面试都是一次宝贵的学习机会。认真总结经验教训，为未来的职业发展做好充分准备。

三、案例分析

（一）负面案例

李华回想起此前那场堪称“失败”的面试，尽管他做了一些准备，可面试过程依旧状况频出。为了给面试官留下好印象，他特意购置了一套西服。然而，面试当天天气酷热难耐，他一路匆忙赶到面试现场时，早已汗流浃背。汗水浸湿了他的衣衫，也让他本就紧张的心情愈发糟糕。面试时，考官提出要查看李华的成绩单和实习鉴定材料，但李华由于缺乏面试经验，只携带了一份简历来到面试现场。材料的缺失使得李华心里更加慌乱。面对考官的提问，李华也不知如何规范作答。例子如下：

(1)问：你为什么选择我们公司？

答：因为在网上打听到你们公司待遇还可以，并且我获得的面试机会也不多，所以只能来这里面试。

(2)你在实习中遇到的最大困难是什么？

答：那里的同事和领导不好相处，每天和他们在一起让我很不自在。

面试官听到李华的回答后，认为李华的本次面试存在以下问题：(1)缺乏对面试官的基本尊重。(2)缺乏准备和自信。(3)回答过于简单，没有给出具体的例子和经验。(4)回答过于情绪化、利益化。

由于以上问题，负责面试李华的主考官对李华的面试表现十分失望，默默地将李华从录用名单中删掉了。

(二)正面案例

在一次与求职前辈的交流中，李华得知了“求职面试”这门课程的重要性。他意识到，除了优秀的简历、出色的成绩，自己还需要在面试中展现出自信、得体、从容的状态，这样才能让面试官坚定地选择自己，肯定自己的潜力与价值。通过学习这门课程，李华掌握了应对面试常见问题的方法，学会了在面试中展示自身优势。如今，他更加自信，能大胆展示自己。他学会了在短时间内组织语言，清晰表达观点，还懂得如何与面试官良好沟通，展现自己的潜力与热情。终于，他再次收到一家知名公司的面试邀请。站在大楼前，李华深吸一口气，整理了一下自己的衣服和发型，然后昂首挺胸地走了进去。他知道，这次面试不仅是对自己学习成果的检验，更是他未来职业生涯的起点。那么，该企业面试官在面试中问了李华哪些问题呢？以下来看几个例子：

(1)问：工作两年后，你对工作失去了热情，怎么办？

答：如果我在工作两年后丧失了热情，我会首先反思自己的原因。可能是工作压力大、工作目标没有达到预期、与同事关系紧张等多方面因素导致的。我会采取以下措施来激发我的工作热情：首先，我会先自我反思，深入分析失去热情的原因，找出问题所在，思考如何改进与调整。同时积极地与同事和领导沟通，寻求建议和支持，找出解决问题的办法。然后，我会积极地寻求继续教育机会，学习最前沿的专业技术，更新自己的专业知识，提升自己的工作能力。总之，对于失去热情的时候，我认为关键是要积极主动地寻求帮助和改进，不断调整自己的心态和行为，从而重新找到热情，继续为公司服务、奉献。

(2)问：刚进公司，你提前完成了领导交办的事情，却被说做事着急不周全，你会怎么处理？

答：如果在未来工作中遇到了这样的情况，我心里多少会有点委屈，但是我会积极调整心态，冷静面对这一问题。作为一名新人，我提前完成了领导交办的事项却被批评做事马虎，那么可能是因为刚入职的我急于求成，过于期望表现自己和得到领导的认可。这时我更应保持沉着冷静的态度，虚心地向前辈学习、请教，并及时调整心态，牢记适度原则。在未来的工作中，我会努力告诫自己，不论自己身居何职，在按时工作的同时，要做到保质保量，多反思、多交流，提高自己的业务能力。

与上一次面试相比，李华在本次面试中，凭借自己的充分准备和自信，不仅与面试官建立了良好的互动，还在面试官面前完美地展示了自己扎实的专业技能和出色的个人能力。走出面试室时，他感到无比轻松和喜悦。他知道，这次面试是他求职之路的一个里程碑。这次面试的成功，也让内向的他更加坚信：面试不是内向者的"地狱"，只要通过不断的求职练习和个人努力，就一定能够实现自己的求职理想。

随堂练习

1. 一家广告公司正在你所在的大学招聘文职人员，假如你想入职这家公司，当面试官问你"你能否接受加班"时，你将如何回答？

2. 在面试中，面试官先让你作3分钟的自我介绍，随后提出问题："假设你负责的项目进入关键冲刺阶段，此时团队核心成员突然离职，同时客户又提出了大幅度的需求变更，你会如何应对？"

请你结合自己所学专业，向面试官作自我介绍并回答其问题，将所述内容写出来。

第四节　沟通任务：积极参与岗位竞聘

情境导入

在公司默默耕耘数年的李华，一直渴望在职业道路上更进一步。某天，他看到董事长助理岗位的竞聘通知，瞬间心动。他深知，这不仅是晋升机会，更是参与公司核心事务的难得契机。李华迅速行动，深入研究岗位需求和公司战略，梳理过往成果，精心撰写竞聘材料，反复打磨后终于完成。但他没有松懈，意识到竞聘演讲同样关键。此后，他利用业余时间对着镜子练习姿态、表情、语气，还模拟问答。竞聘演讲当天，李华身着正装，自信地走上演讲台，手中紧握着凝聚心血的材料，台下目光齐聚，他的职业新征程即将开启。下面，让我们一同学习如何发表一次竞聘演讲。

一、理论讲解

(一)竞聘演讲的含义及分类

竞聘演讲是指个人在竞聘某一职位时，通过演讲的形式向评委或听众展示自己的能力、经验、优势以及对职位的理解，以争取获得该职位的机会。它是竞聘过程中至关重要的一环，能够直接影响竞聘结果。

竞聘演讲可从不同维度进行分类。按竞聘岗位类型，可分为管理岗位(如部门经理、主管等)、技术岗位(如工程师、技术专家等)、行政岗位(如行政主管、办公室主任等)的竞聘演讲；按演讲形式，有现场面对评委和听众展示的现场竞聘演讲，以及适用于远程或特殊情况、通过录制视频提交的视频竞聘演讲；按演讲内容侧重点，可分为重点突出个人工作经验和过往成绩的经验型竞聘演讲，以及着重阐述对未来工作规划和设想的规划型竞聘演讲。

(二)竞聘演讲的特点

1. 针对性

竞聘演讲的内容必须紧密结合所竞聘岗位的职责和要求，突出自己与该岗位的匹配度。

2. 目的性

竞聘演讲的核心目标是争取职位，因此内容应围绕“为什么我适合这个岗位”展开。

3. 逻辑性

演讲结构要清晰，层次分明，通常包括自我介绍、优势展示、工作规划和总结等部分。

4. 感染力

竞聘者需通过语言表达、肢体语言和真挚的情感传递，增强演讲的吸引力，赢得评委的好感。

5. 真实性

演讲内容必须真实可信，杜绝夸大其词或提供虚假信息，否则会严重损害个人信誉。

二、任务方法

(一)竞聘演讲的结构

这里按照标题、称谓、正文三个部分来讲述竞聘演讲稿的结构，各部分既相互关联又各有侧重，共同助力演讲者清晰传达自身优势与工作规划。

1. 标题

竞聘演讲的标题应当简洁明了，突出竞聘职位，同时展现出竞聘者的自信和决心。可以从强调自身优势、表达对岗位的理解、阐述未来规划等方面构思。以下是四种常见的标题命名方法：

(1)展望未来型：《携手共进，开启助理岗位新篇章》。

(2)表达决心型：《全力以赴，勇担董事长助理之责》。

(3)阐述理念型：《以协同创新，诠释董事长助理价值》。

(4)引发好奇型：《董事长助理，我有何独特优势?》。

2. 称谓

竞聘演讲的称谓要礼貌、恰当，贴合场景和对象。可根据现场听众身份、场合正式程度来确定，比如“尊敬的各位领导”“亲爱的同事”。

3. 正文

竞聘演讲稿的正文作为演讲的核心，需巧妙且有策略地展现个人的突出特色以及对目标职位的热忱。撰写时要保证演讲稿具有高度的针对性，内容简洁清晰，同时符合演讲稿口语化表达的语言特性。以下是写作竞聘演讲稿正文的参考步骤：

(1)第一段：自我介绍。

①简要介绍姓名、目前所在部门及岗位。

②可以简要提及对竞聘岗位的了解，展现你对岗位的兴趣和热情。

(2)第二段：优势阐述。

①突出你的专业技能和工作业绩，特别是那些与竞聘岗位关联性强的。列举过往与竞聘岗位相关的重要项目经历，如“在[项目名称]中，我负责项目统筹，带领团队提前×天完成任务，为公司节省了×%的成本”。

②谈及个人特质，强调责任心强、适应能力快等，如“面对紧急任务，我总能迅速调整状态，高效完成工作，保障项目顺利推进”。

(3)第三段：岗位理解。

①分析岗位的职责、重要性以及在公司整体架构中的作用。比如竞聘市场部经理，可这样阐述：“市场部经理负责制定市场策略，直接影响公司产品的市场份额和品牌知名度，是连接公司与市场的关键桥梁。”

②结合行业趋势和公司现状，探讨岗位面临的机遇与挑战，展现你对岗位的深入思考。如：“当下数字化营销兴起，这为我们精准触达客户提供了机遇，但也对我们的数字营销能力提出了更高要求。”

(4)第四段：工作规划。

从短期(1~2 年)、中期(3~5 年)、长期(5~10 年)三个维度阐述。短期目标可设定为熟悉工作流程、与团队成员建立良好沟通，如“入职前 3 个月，我会深入了解各业务环节，与团队成员逐一交流，制定高效沟通机制”。中期规划实施关键项目，如“半年内，主导完成××活动，预计将产品销量提升×%”。长期目标着眼推动部门变革与创新，助力公司实现战略目标，如“未来一年内，建立数字化营销体系，提升公司在行业内的竞争力”。规划要具体、可操作，包含明确目标、实施步骤和预期效果。

(5)第五段：结尾。

总结演讲重点，再次强调自己的决心和对岗位的渴望，同时表达对听众的感谢。

(二)竞聘演讲的要求

1. 内容真实、重点突出

撰写竞聘演讲稿时，所提及的工作经历、取得的成果以及掌握的技能必须真实可靠，且要紧密围绕竞聘岗位的需求展开。比如竞聘销售主管，应详述过往销售业绩、客户拓展成果等，精准匹配岗位所需销售管理、团队协作能力。

要着重展示自身优势、对岗位的独到见解及切实可行的工作规划。在阐述优势时，应列举关键成就，如成功完成大额订单等；对于工作规划，可分阶段进行阐述，短期目标为快速熟悉业务，中期目标是提升业绩，长期目标则是拓展市场。

2. 语言简洁、富有感染力

语言表达应避免使用复杂生僻的词汇和句式，尽量采用直白易懂的表述。比如，用“提升销量”替换“促进销售额的增长”。同时，要适当融入情感，表达对岗位的向往、对公司发展的信心，从而激发听众的共鸣。

三、案例分析

(一)例文点评

“情境导入”的李华同学在学习本课前，初步撰写了一篇竞聘演讲稿，原文如下：

董事长助理岗位竞聘演讲稿

尊敬的各位领导：

大家好！我是李华，非常荣幸能参与此次董事长助理岗位的竞聘。我毕业于湖北××学院汉语言文学专业，至今已在公司工作六年。

在这六年期间，我参与了多个项目，尽管没有取得特别显著的成绩，但也积累了一定的工作经验。在日常工作中，我主要负责文案撰写以及一些基础的协调工作。比如在之前的公司评估工作中，我承担了项目文档的整理与撰写任务，虽然过程中也遇到了不少困难，像资料收集不完整、时间紧迫等问题，但最终还是勉强完成了任务。在与其他部门的协作中，我也尽力做好沟通工作，虽然偶尔会因为理解偏差导致工作出现一些小延误，但我觉得这都是工作中的正常现象，并不影响大局。

对于董事长助理这一岗位，我了解到其主要职责是协助董事长开展各项工作，保障公司运营的顺畅。然而，我对这个岗位的理解还停留在比较表面的层次，认为主要工作就是协助董事长处理各类文件、安排会议以及传达相关指示。如果我有幸竞聘成功，我初步计划先熟悉董事长的工作习惯和公司的核心业务流程，然后逐步开展工作。但目前我还没有形成非常具体和完善的工作计划，想着在实际工作中再根据具体情况进行调整和摸索。

我知道此次参与竞聘的同事都非常优秀，他们在各自的领域都有着出色的表现和丰富的经验。与他们相比，我可能在某些方面存在差距，但我认为自己也有一定的优势，比如我的文字功底较为扎实，能够较好地完成各类文案工作。而且我在公司工作多年，对公司的基本情况比较熟悉，能够较快地适应新岗位的工作。

最后，感谢各位领导给予我这次竞聘的机会，我真诚地希望能够得到大家的支持。如果我能获得这个岗位，我一定会努力工作，不辜负大家的期望。

【点评】

在阅读完李华的初稿后，发现了如下问题：

(1)缺乏突出成果。文中虽提及工作六年参与多个项目，但仅简单描述工作内容与困难，没有列举任何可量化的成果，如完成项目后为公司带来的业绩增长、效率提升数据等，难以让领导直观了解其工作价值和能力水平。

(2)岗位理解肤浅。对董事长助理岗位的认识仅停留在处理文件、安排会议等基础事务上，没有深入分析该岗位在公司战略决策支持、内外部关系协调等关键方面的重要职责，体现出对岗位的理解不够全面和深入，无法让领导相信其能胜任重要岗位。

(3)工作规划模糊。关于竞聘成功后的工作规划，只是说先熟悉流程再逐步开展工作，没有具体的目标、步骤和时间节点，缺乏可操作性，不能让领导看到其对新岗位的清晰思路和积极准备。

(4)优势阐述薄弱。在与其他竞聘者对比优势时，仅提及文字功底扎实和熟悉公司情况，过于笼统，没有结合董事长助理岗位所需的沟通协调、组织管理等核心能力展开阐述，优势不够突出，难以在竞聘中脱颖而出。

显然，以上问题会导致竞聘者无法展现自身胜任岗位的能力，让领导难以相信其能胜任，极大地降低其竞聘成功的概率。

(二)例文修改

李华在学习完本课后，对竞聘演讲稿进行了修改，并顺利获得了晋升机会，让我们看看修改后的竞聘演讲稿是怎样的吧！

董事长助理岗位竞聘演讲稿

尊敬的各位领导：

大家好！我是李华，毕业于湖北××学院汉语言文学专业，在公司已深耕六载。这六年里，我深度参与多个关键项目，积累了丰富且多元的工作经验。

在上一季度的××项目中，我负责核心文案策划与沟通协调工作。面对时间紧、任务重、跨部门协作难等挑战，我凭借扎实的文字功底，撰写的项目宣传文案成功提升品牌曝光度30%，并通过高效沟通，化解部门间分歧，推动项目提前15天完成，为公司节省成本20%。日常工作中，我多次组织跨部门会议，有效协调资源，保障工作流程顺畅。

对于董事长助理岗位，我深知其不仅是日常事务的执行者，更是战略决策的重要辅助者。该岗位需精准把握公司战略方向，高效协调内外部资源，为董事长提供全面且具前瞻性的支持。在沟通协调上，要搭建起公司各层级、各部门间的沟通桥梁；在战略决策辅助上，需凭借敏锐的市场洞察力和数据分析能力，为董事长提供有价值的决策参考。

若有幸竞聘成功，短期内，我会深入了解董事长的工作习惯与决策风格，梳理公司业务流程与核心项目，建立高效沟通机制；中期目标是运用数据分析与市场调研，为公司战略规划提供数据支持，助力开拓新业务领域；长期来看，我将致力于提升公司内部协同效率，强化公司品牌形象，推动公司可持续发展。

与其他竞聘者相比，我具备三大优势：一是扎实深厚的文字功底，能撰写各类重要文稿，助力公司对外宣传与内部沟通；二是出色的沟通协调能力，过往成功化解多次跨部门协作难题；三是对公司业务的深度理解，能迅速融入新岗位，高效开展工作。

感谢各位领导给予我这次宝贵的竞聘机会。我满怀信心与决心，期待能在董事长助理岗位上，为公司发展贡献更大力量。谢谢！

【修改说明】

本篇竞聘演讲稿有以下优点值得学习：

（1）内容翔实、逻辑清晰。在讲述工作经历时，列举具体项目及量化成果，如“提升品牌曝光度30%”等，直观展现工作能力。对董事长助理岗位理解深刻，从战略辅助、资源协调等多方面剖析，工作规划按短、中、长期推进，层次分明，目标明确，优势阐述也紧密贴合岗位需求。

（2）语言简洁、数据有力。表达简洁易懂，无复杂生僻的表述，精准地传达了信息。大量运用数据，像阐述成果时的数据列举，增强了内容的可信度与说服力，让演讲更具专业性。

随堂练习

1. 你所在大学的文学社团，以诗歌创作为主要活动。但当前社团活动形式单一，成员参与度不高，影响力有限。现面向全体成员竞聘社长，负责社团规划、活动组织等事务。你是社团老成员，组织协调能力强，富有创新思维和团队合作精神，相信能带领社团突破困境。请你撰写一篇竞聘演讲稿，要求：结构完整；结合自身经历突出优势，分析社团现状，提出可行工作规划；语言流畅，富有感染力，逻辑清晰。字数不少于800字。

2. 假设你已完成上题的竞聘演讲，现在进入答辩环节。请针对以下两个问题进行回答，每个问题的回答时间控制在2~3分钟，要求语言简洁明了，重点突出，有理有据。

问题一：如果团队中有社团成员与你发生矛盾，不服从你的工作安排，你会如何沟通协调解决？

问题二：若你的活动方案在实施初期效果不佳，你将如何调整策略并与团队成员沟通？

项目六
开展日常工作

第一节　写作任务：编写工作计划总结

一、编写工作计划

情境导入

小王毕业后，就职于一家事业单位，从事办公室文员工作。“小王，下周的部门会议需要你做一个关于新项目的工作计划汇报。”主管的一句话让小王既兴奋，又紧张。兴奋的是，这是一个展示自己工作能力的机会；紧张的是，他从未独立完成过工作计划的撰写。工作计划到底该怎么写？如何才能让计划清晰明了、切实可行？

(一)理论讲解

1. 计划的含义及分类

计划是个人或组织为了实现特定目标和任务，对未来一段时间内的工作在目标、措施和步骤等方面进行预先安排和部署的书面材料。根据时间跨度，可分为长期计划、中期计划和短期计划；根据内容范围，可分为综合计划和专项计划。

纲要、规划、计划、安排、方案、预案、工作要点等均属于计划类文书，它们在性质、适用范围和内容侧重点上各有特点：

(1)纲要与规划。这两者属于宏观性计划，通常具有全局性、长远性的特点，是对较长时期内的工作或发展方向进行总体谋划。

(2)计划与安排。主要为微观性计划，更侧重于具体的工作内容、步骤和短期目标，具有较强的可操作性。

(3)方案。具有灵活性，既可以是宏观、综合性的，用于全面指导某一大型项目或复杂工作；也可以是微观、专题性的，针对特定问题或单一任务制定。

(4)预案。是针对未来可能发生的情况所作出的预想安排，通常包含应对策略和措施，以确保在各种情形下工作能够有序开展。

(5)工作要点。是一个单位对多项工作进行的要点式部署，突出重点工作内容和关键目标，为工作开展提供指引。

2. 计划的特点

(1)预见性。

计划类文书需对未来工作进行科学预测，并据此作出合理安排，具备一定的前瞻性。

(2)指导性。

明确工作目标、任务和步骤，为后续工作开展提供指导和依据。

(3)可行性。

计划内容要切实可行，目标要明确具体，措施要得力有效。

(4)灵活性。

制定计划要留有余地，能够根据实际情况进行调整和修改。

(二)写作方法

1. 结构

(1)标题。

标题要简明扼要，点明计划的时间范围和内容，例如《2023年第四季度市场推广工作计划》。

(2)前言。

简要说明工作背景、总体目标和制定计划的依据。

(3)主体。

①工作目标：明确具体、可衡量、可实现、相关联、有时限。

②工作任务：分解目标，列出具体的工作任务和内容。

③工作步骤：明确完成任务的步骤、方法和时间安排。

④保障措施：说明完成计划所需的资源、人员、经费等保障措施。

(4)结尾。

结尾总结全文，表达完成计划的决心和信心。

2. 写作要求

(1)目标明确、重点突出。

计划要围绕核心目标展开，突出重点工作和关键环节。重点工作是实现核心目标的主要支撑，关键环节则是推动工作顺利开展的重要节点。

(2)内容具体、措施得力。

计划的内容要具体可行，措施要得力有效，避免空话套话。只有内容具体、措施得力，计划才能在实际工作中落地生根，顺利推进。

(3)逻辑清晰、层次分明。

计划的结构要清晰合理，层次分明，便于阅读和理解。清晰的逻辑和分明的层次，不仅有助于执行者迅速把握计划的整体框架和重点内容，还能在执行过程中更好地协调各方面工作。

(4)语言简洁、表达准确。

使用简洁明了的语言，准确表达计划内容。只有语言简洁、表达准确，才能保证计划在传达和执行过程中的高效性。

(三)案例分析

1. 例文点评

2023年第四季度市场推广工作计划

为了进一步提升公司产品的市场占有率，特制定本季度市场推广工作计划。

一、工作目标

1. 提高品牌知名度。

2. 增加产品销量。

二、工作任务

1. 开展线上推广活动。

2. 开展线下推广活动。

三、工作步骤

1. 制定推广方案。

2. 执行推广方案。

3. 评估推广效果。

四、保障措施

1. 人员保障。

2. 资金保障。

我们将全力以赴，确保完成本季度市场推广工作计划。

【点评】

该例文结构完整，但存在以下问题：

(1)工作目标：过于笼统，缺乏具体的衡量指标，例如“提高品牌知名度”可以修改为“将品牌知名度提升50%”。

(2)工作任务：不够具体，缺乏可操作性，例如“开展线上推广活动”可以修改为“在××平台投放广告，目标点击量为100万次”。

(3)工作步骤：过于简单，缺乏具体的实施细节，例如“制定推广方案”可以修改为“进行市场调研，分析目标客户群体，制定针对性的推广方案”。

(4)保障措施：不够具体，缺乏可操作性，例如“人员保障”可以修改为“组建5人推广小组，负责方案制定、活动执行和效果评估”。

2. 例文修改

2023年第四季度市场推广工作计划

为了进一步提升公司产品的市场占有率，力争在第四季度实现销售额同比增长20%的目标，特制定本季度市场推广工作计划。

一、工作目标

1. 将品牌知名度提升50%。

2. 实现产品销售额5000万元，同比增长20%。

二、工作任务

1. 线上推广

在××平台投放广告，目标点击量为100万次。

与××网红合作进行直播带货，目标销售额为1000万元。

开展社交媒体营销，发布产品信息和用户评价，目标粉丝增长10万人。

2. 线下推广

参加××行业展会，目标收集潜在客户信息1000条。

在××商圈举办产品体验活动，目标参与人数500人。

与××商家合作进行联合促销，目标销售额为500万元。

三、工作步骤

1. 市场调研：进行市场调研，分析目标客户群体，制定针对性的推广方案。

2. 方案制定：根据市场调研结果，制定详细的线上和线下推广方案，明确时间节点和责任人。

3. 方案执行：按照推广方案，组织人员开展各项推广活动，并做好过程监控和数据记录。

4. 效果评估：对推广活动进行效果评估，分析数据，总结经验教训，为下一步工作提供参考。

四、保障措施

1. 人员保障：组建5人推广小组，负责方案制定、活动执行和效果评估。

2. 资金保障：预算50万元用于市场推广，包括广告费用、活动费用和人员费用。

3. 资源保障：与××平台、××网红、××商家等建立合作关系，获取资源支持。

我们将全力以赴，确保完成本季度市场推广工作计划，为公司发展作出更大的贡献。

二、编写工作总结

情境导入

“小李，这次的季度总结写得不错，数据翔实，分析到位，但结尾部分略显仓促，缺乏对未来工作的展望。”部门经理的点评让小李恍然大悟。他意识到，一份优秀的总结不仅是对过去工作的回顾，更是对未来工作的展望和指引。如何才能写出一份逻辑清晰、重点突出、内容充实的总结呢？

（一）理论讲解

1. 含义及分类

总结是对一定时期内的工作、学习或其他活动进行回顾、分析和评价的书面材料。根据时间跨度，可分为年度总结、季度总结、月度总结等；根据内容，可分为学习总结、工作总结、思想总结、科研总结等；根据范围，可分为单位总结、部门总结、科室总结、个人总结等；根据性质，可分为综合性总结和专题性总结。

2. 总结的特点

（1）真实性。

以事实为依据，客观反映实际情况，不夸大成绩，不隐瞒问题。只有确保内容真实可靠，才能为后续决策和分析提供坚实基础。

（2）条理性。

结构清晰，层次分明，逻辑严谨，便于阅读和理解。通过合理组织内容，如采用总分总、递进等结构，使信息有序呈现，让读者能够迅速把握主旨。

（3）概括性。

对大量材料进行整理、归纳和提炼，形成规律性的认识。以简洁明了的方式呈现事物本质，能为进一步分析和应用提供便利。

（4）指导性。

总结经验教训，提出改进措施，为未来的工作提供参考和指导，提升工作效率与质量。

（二）写作方法

1. 结构

（1）标题。

标题要简明扼要，点明总结的时间范围和内容，例如《2023 年第三季度销售部工作总结》。

(2)前言。

前言要简要说明工作背景、总体情况和主要成绩。

(3)主体。

①成绩和经验：回顾过去一段时间的工作情况，重点总结取得的成绩和积累的经验。

②问题和不足：分析工作中存在的问题和不足，并找出原因。

③改进措施和未来展望：针对存在的问题，提出改进措施，并对未来工作进行展望。

(4)结尾。

结尾总结全文，表达对未来工作的决心和信心。以积极的态度收束全文，能给人留下深刻且鼓舞人心的印象。

2. 写作要求

(1)数据准确、事例典型。

应使用具体的数据和典型的事例来支撑观点，增强说服力。准确的数据能直观反映工作成效或问题程度，典型事例则能生动展现工作中的实际情况，两者相辅相成，让总结内容更具可信度。

(2)语言简洁、表达清晰。

应避免使用冗长的句子和晦涩难懂的词语，力求语言简洁明了，确保读者能够迅速准确地理解其核心内容，提高信息传递效率。

(3)重点突出、详略得当。

依据实际工作情况和总结目的，合理规划内容的详略分布。对于重点工作和关键环节，要详细阐述，深入分析其过程、成果与意义；而对于一般性工作或辅助性内容，则可简要概括。

(4)格式规范、排版美观。

注重总结的格式规范，遵循既定的字体、字号、行距等格式要求进行书写。整齐美观的排版不仅能提升文档的视觉效果，还能展现出撰写者严谨认真的态度。

(三)案例分析

1. 例文点评

2023年第三季度销售部工作总结

2023年第三季度，销售部全体员工齐心协力，克服困难，圆满完成了各项销售任务。

一、成绩和经验

1. 销售额稳步增长：本季度销售额达到5000万元，同比增长20%。

2. 市场占有率不断提升：成功开拓了××市场，市场占有率提升了5%。

3. 团队建设取得成效：组织开展了多次业务培训，提升了团队的专业技能和凝聚力。

二、问题和不足

1. 部分区域销售业绩不理想：××区域销售额同比下降 10%，主要原因是市场竞争激烈，产品优势不明显。

2. 客户服务水平有待提高：客户投诉率有所上升，主要原因是售后服务人员不足，响应速度慢。

三、改进措施和未来展望

1. 加强市场调研，制定针对性的营销策略。

2. 加大产品研发投入，提升产品竞争力。

3. 加强客户服务团队建设，提升客户满意度。

我们将继续努力，争取在第四季度取得更好的成绩。

【点评】

该例文结构完整，内容清晰，但存在以下不足：

(1)成绩和经验部分：缺乏具体的数据和事例支撑，例如"销售额稳步增长""市场占有率不断提升"等表述过于笼统。

(2)问题和不足部分：分析不够深入，例如"部分区域销售业绩不理想"，可以进一步分析具体原因，并提出解决方案。

(3)改进措施和未来展望部分：措施不够具体，缺乏可操作性，例如"加强市场调研"可以修改为"进行市场调研，分析目标客户群体，制定针对性的营销策略"。

2. 例文修改

2023 年第三季度销售部工作总结

2023 年第三季度，销售部紧紧围绕公司年度经营目标，积极开展各项工作，取得了显著成效。现将具体情况总结如下：

一、成绩和经验

1. 销售额稳步增长。本季度销售额达到 5000 万元，同比增长 20%，其中××产品销售额突破 1000 万元，成为新的增长点。

2. 市场占有率不断提升。成功开拓了××市场，新增客户 100 家，市场占有率提升了 5%，进一步巩固了行业领先地位。

3. 团队建设取得成效。组织开展了 3 次业务培训，培训内容包括销售技巧、客户关系管理等，培训覆盖率达到 100%，员工满意度达到 90%，团队凝聚力和战斗力显著提升。

二、问题和不足

1. 部分区域销售业绩不理想。××区域销售额同比下降 10%，主要原因是市场竞争激烈，产品优势不明显，销售策略缺乏针对性。

2. 客户服务水平有待提高。客户投诉率有所上升，主要原因是售后服务人员不足，响应速度慢，问题解决效率低。

三、改进措施和未来展望

1. 加强市场调研，分析目标客户群体，制定针对性的营销策略。例如针对××区域推出差异化产品，制定灵活的价格策略。

2. 加大产品研发投入，提升产品竞争力。例如针对××市场需求开发新产品，提升产品性能和质量。

3. 加强客户服务团队建设，提升客户满意度。增加售后服务人员，提升响应速度和问题解决效率，例如建立24小时在线客服系统，提供一站式解决方案。

展望未来，我们将继续努力，不断创新，为公司发展作出更大的贡献。

随堂练习

1. 请根据你所在部门或班级的实际情况，撰写一份月度工作计划。
2. 请根据你所在部门或班级的实际情况，撰写一份季度工作总结。

第二节　写作任务：撰写各种党政公文

一、党政公文概述

党政公文是党政机关、企事业单位和社会团体在公务活动中为行使法定职权而制发的文件，是以文辅政的重要载体。在公务活动中，我们只有准确、规范地撰写并使用公文，才能确保政令畅通，有序开展工作。公文要传达、贯彻党和国家的路线、方针、政策、法规与规章，实施领导和管理，体现和反映党和国家机关的政治意向、指挥意志、行动意图，维护党和政府的权威及其所代表的人民群众的根本利益。

为了适应中国共产党机关和国家行政机关工作需要，推进党政机关公文处理工作科学化、制度化、规范化，中共中央办公厅和国务院办公厅联合印发了《党政机关公文处理工作条例》（中办发〔2012〕14号）。

该《条例》要求各级党政机关高度重视公文处理工作，加强组织领导，强化队伍建设，设立文秘部门或者由专人负责公文处理工作。该《条例》规定："党政机关公文是党政机关实施领导、履行职能、处理公务的具有特定效力和规范体式的文书，是传达贯彻党和国家的方针政策，公布法规和规章，指导、布置和商洽工作，请示和答复问题，报告、通报和交流情况等的重要工具。"

根据适用范围，《党政机关公文处理工作条例》规定了以下15种公文文种：

（1）决议。适用于会议讨论通过的重大决策事项。

（2）决定。适用于对重要事项作出决策和部署、奖惩有关单位和人员、变更或者撤销下级机关不适当的决定事项。

(3)命令(令)。适用于公布行政法规和规章、宣布施行重大强制性措施、批准授予和晋升衔级、嘉奖有关单位和人员。

(4)公报。适用于公布重要决定或者重大事项。

(5)公告。适用于向国内外宣布重要事项或者法定事项。

(6)通告。适用于在一定范围内公布应当遵守或者周知的事项。

(7)意见。适用于对重要问题提出见解和处理办法。

(8)通知。适用于发布、传达要求下级机关执行和有关单位周知或者执行的事项,批转、转发公文。

(9)通报。适用于表彰先进、批评错误、传达重要精神和告知重要情况。

(10)报告。适用于向上级机关汇报工作、反映情况,回复上级机关的询问。

(11)请示。适用于向上级机关请求指示、批准。

(12)批复。适用于答复下级机关请示事项。

(13)议案。适用于各级人民政府按照法律程序向同级人民代表大会或者人民代表大会常务委员会提请审议事项。

(14)函。适用于不相隶属机关之间商洽工作、询问和答复问题、请求批准和答复审批事项。

(15)纪要。适用于记载会议主要情况和议定事项。

这15种党政公文可以按行文方向分为上行文(如报告、请示)、下行文(如通知、通报、决定)、平行文(如函)、普发性公文(如公告、通告)。也可按功能用途分为指挥性公文(如通知、命令)、报请性公文(如报告、请示)、知照性公文(如通告、函)、记录性公文(如纪要)。

这里我们重点学习通知、通报、报告、请示、函等常用文种。

二、通知的写作

情境导入

“小陈,这份会议通知需要修改一下,格式不够规范,内容也不够简洁。”办公室主任的话让小陈意识到,写好一份通知并非易事。通知是党政机关、企事业单位常用的公文文种,用于发布法规、传达指示、布置工作、告知事项等。如何才能写出一份格式规范、内容准确、语言得体的通知呢?

(一)通知的含义及分类

通知是适用于发布、传达要求下级机关执行和有关单位周知或者执行的事项,批转、转发公文的公文文种。根据内容和用途,可分为发布性通知、指示性通知、批转转发性通知、任免性通知、会议通知等。

（二）通知的特点

1. 广泛性

通知的使用范围广泛，各级党政机关、企事业单位、社会团体都可以使用。

2. 时效性

通知一般都有明确的时间要求，要求受文机关在规定的时间内执行或办理。

3. 针对性

通知的内容一般都比较具体，针对特定的对象和事项。

4. 权威性

通知是上级机关对下级机关发布的公文，具有权威性和约束力。

（三）写作方法

1. 通知的一般结构

通知一般由标题、主送机关、正文、落款等部分构成。

（1）标题。

一般由发文机关、事由和文种组成，例如《国务院关于进一步加强安全生产工作的通知》。

（2）主送机关。

写明通知的受文机关，可以是下级机关、平级机关或不相隶属的机关。

（3）正文。

开头：简要说明发文缘由、目的或依据。

主体：具体说明通知事项，包括时间、地点、内容、要求等。

结尾：提出执行要求或希望，常用“请遵照执行”“特此通知”等词语。

（4）落款。

写明发文机关名称和成文日期，正式发文须加盖公章才可生效。

2. 不同类型通知的写法

（1）发布性通知。

这类通知主要用于发布规章制度和其他重要文件。

①标题。一般使用完全式标题，由“发文机关名称+关于印发（发布、颁布）+被印发的文件名称+通知”构成。

②正文。依次写清被发布的规章名称、发布的目的、执行的要求和实施的日期即可，篇幅简短。

（2）批转、转发性通知。

这类通知用于批转下级机关的公文，转发上级机关、平级机关和不相隶属机关的公文。被批转、转发的公文作为通知的附件。

①标题。批转、转发性通知的标题制作比较特殊。一般由转发机关名称、“批转”或“转发”字样、被转发文件全称以及“通知”构成，例如《××关于转发〈××关于××

的通知〉的通知》。不过，此类标题在语言上易显啰唆，所以需进行必要的省略与整合。

②正文。简要写明批转(转发)的文件名称、目的和要求，这类通知称为照批照转式通知。有些批转、转发性通知除写清楚上述内容之外，还扼要阐述被批转或转发公文的重要性、必要性以及执行过程中的具体要求，或补充完善有关内容，这类通知称为按语式通知。

(3)指示性通知。

这类通知用于上级机关向下级机关传达领导或职能部门的指示、意见，阐述政策措施，部署工作，阐明工作的指导原则，要求下级机关办理或共同执行等。

①标题。一般使用完全式标题，如遇特殊情况，可在"通知"前加"联合""紧急""补充"等字样，如《国务院办公厅关于保障近期蔬菜市场供应和价格基本稳定的紧急通知》。

②正文。由发文缘由、具体事项和结尾构成。

发文缘由主要阐述行文的依据、目的和意义，其目的是提高受文机关对通知事项的必要性和重要性的认识，提高执行的自觉性和积极性。

具体事项是指示性通知的主体部分，应写明指示的具体内容，并阐述执行的具体方法。具体事项多采用条款方式，应注意条与条、项与项之间的逻辑关系。

结尾部分一般用于提出希望或要求。

(4)告知性通知。

这类通知是将新近决定的有关事项告知受文单位时使用的通知，用于传达需要有关单位周知的事项。

①标题。一般由"发文机关名称+事由+通知"构成。

②正文。这类通知的正文无固定写法，写清告知事项的依据、目的和具体告知内容即可。

(5)会议通知。

这类通知专门用于通知召开会议的有关事项。

①标题。一般由"发文机关名称+关于召开××会议+通知"构成。

②正文。会议性通知在写作上具有要素化的特点，写明会议名称、发文目的、中心议题、开会时间、开会地点、参加人员、会前准备及其他事项等。

(6)任免或聘用性通知。

这是党政机关任免、聘用干部时使用的通知，也包括设立和撤销机构的通知。

①标题。一般为《××关于××等任免职的通知》。

②正文。写明任免事项或设立和撤销的事项即可。有的也交代任免依据、工作程序等。在行文时，一般需遵循先任后免或先设后撤的原则。

(四)写作要求

1. 格式规范

通知要严格按照党政机关公文格式要求进行排版，包括字体、字号、行距、页边距等。

2. 内容准确

通知内容要真实准确，表述要清晰明了，避免产生歧义。

3. 语言得体

通知要使用规范的语言，避免使用口语化、情绪化的词语。

4. 重点突出

通知的语言要简洁明了，重点突出，避免冗长拖沓。

(五)案例分析

1. 例文点评

关于召开2023年度工作总结大会的通知

各部门：

为了总结2023年度工作，部署2024年度工作，经研究决定，召开2023年度工作总结大会。现将有关事项通知如下：

一、会议时间：2024年1月10日(星期三)上午9：00

二、会议地点：公司三楼会议室

三、参会人员：公司全体职工

四、会议内容：

1. 各部门负责人汇报2023年度工作总结和2024年度工作计划。

2. 公司领导讲话。

五、会议要求：

1. 请各部门负责人提前准备好汇报材料。

2. 请全体职工准时参加会议，不得无故缺席。

××公司办公室(印章)

2023年1月5日

【点评】

该例文结构完整，内容清晰，但存在以下不足：

(1)标题。

缺少发文机关名称，可以修改为《××公司关于召开2023年度工作总结大会的通知》。

(2)主送机关。

可以更具体一些，“各部门”可以修改为“各部门、各分公司”。

(3)正文。

①开头：可以更简洁一些。例如“为了总结 2023 年度工作，部署 2024 年度工作，经研究决定，召开 2023 年度工作总结大会”可以修改为“经研究，决定召开 2023 年度工作总结大会，现将有关事项通知如下”。

②主体：可以更具体一些。例如“各部门负责人汇报 2023 年度工作总结和 2024 年度工作计划”可以修改为“各部门负责人汇报 2023 年度工作总结和 2024 年度工作计划，汇报时间控制在 10 分钟以内”。可以在准备汇报材料方面提出更明确的要求。

2. 例文修改

××公司关于召开 2023 年度工作总结大会的通知

各部门、各分公司：

经研究，决定召开 2023 年度工作总结大会，现将有关事项通知如下：

一、会议时间：2024 年 1 月 10 日(星期三)上午 9：00

二、会议地点：公司三楼会议室

三、参会人员：公司全体职工

四、会议内容：

1. 各部门负责人汇报 2023 年度工作总结和 2024 年度工作计划，汇报时间控制在 10 分钟以内。

2. 公司领导讲话。

五、会议要求：

1. 请各部门负责人提前准备好汇报材料，并于 1 月 8 日前将材料电子版发送至办公室邮箱。

2. 请全体职工准时参加会议，不得无故缺席。

××公司办公室(印章)

2023 年 1 月 5 日

三、通报的写作

情境导入

“小张，这份表彰通报写得不够规范，语气不够庄重，缺乏对先进事迹的具体描述。”领导的批评让张秘书意识到，写好一份通报并非易事。通报是党政机关、企事业单位常用的公文文种，用于表彰先进、批评错误、传达重要精神或情况等。如何才能写出一份格式规范、内容准确、语言得体的通报呢？

（一）通报的含义和种类

1. 通报的含义

通报是表彰先进、批评错误、传达重要精神和告知重要情况时使用的公文，属于下行文。通报具有知晓性和指导性的作用。

2. 通报的种类

（1）表彰性通报。表彰性通报主要用于表彰先进人物、先进集体，介绍先进经验，其主要作用是表彰先进、树立榜样，以达到激励先进、发扬正气、推广经验、指导工作的目的。

（2）批评性通报。批评性通报主要用于对工作中出现的影响较大的错误事件、错误做法进行通报批评，借以告诫和教育人们吸取教训，引以为戒。

（3）情况性通报。情况性通报主要用于向干部群众传达重要精神和告知重要情况，使广大干部群众及时了解工作中存在的带普遍性的问题或出现的新情况和新问题，以便统一认识、统一行动，推动工作的顺利开展。

（二）通报的特点

1. 典型性

通报的内容一般都具有典型性，能够起到示范、警示或教育作用。

2. 时效性

通报一般针对近期发生的事件或情况，具有较强的时效性。

3. 教育性

通报的目的是教育广大干部群众，提高思想认识，改进工作作风。

4. 权威性

通报是上级机关对下级机关发布的公文，具有权威性和约束力。

（三）写作方法

通报的结构一般包括标题、主送机关、正文、落款四个部分。

1. 标题

（1）由发文机关名称、事由和文种组成，如《中共教育部党组关于脱贫攻坚专项巡视整改进展情况的通报》。

（2）由事由和文种构成，如《关于表彰×××等同志的通报》。

（3）少数通报的标题是在文种前冠以机关名称，如《中共××市纪律检查委员会通报》。也有的通报标题只有文种名称，一般只见于张贴式通报。

2. 主送机关

除普发性通报外，其他通报均应写明主送机关。

3. 正文

通报的正文由开头、主体和结尾构成。开头部分说明通报缘由，主体部分作出通报决定，结尾部分提出希望和要求。

不同类型的通报，其正文的写法不尽相同。

(1)表彰性通报。根据表彰通报的内容和对象，可分为表彰先进人物、先进集体和介绍先进经验两大类。

①表彰先进人物、先进集体的通报，其正文大体可分为四个部分。

一是概括介绍先进人物或先进集体的事迹，说明通报缘由。二是分析评议先进事迹的典型意义，并对此作出肯定性、合理性的评价。三是依据相关规定提出表彰决定。四是提出希望和学习号召。

②介绍先进经验的通报，其正文一般可分为三个部分。

一是简要介绍取得经验和成绩的相关事迹，并依据有关规定作出表彰决定。

二是具体介绍取得经验和成绩的单位或个人的典型做法及其成功经验。这部分是全文的核心，为了更好地宣传、推广先进经验，可采取分条列项式写法。

三是指出存在的不足，有则写，没有则不必强求。

(2)批评性通报。包含以下几个关键部分：

①叙述错误事实。通过清晰、完整地呈现事实，让阅读者全面了解事件全貌，为后续的分析和处理奠定基础。例如，若某单位员工在工作中违规操作导致重大安全事故，需明确事故发生的日期、工作环节、涉事员工姓名及事故造成的经济损失、人员伤亡等情况。

②分析原因并评议。在阐述完错误事实后，要对导致错误发生的原因进行深入剖析。这可能涉及个人的思想认识、工作态度、业务能力，也可能与单位的管理制度、监督机制等因素有关。同时，要基于客观公正的立场对错误行为进行评议，明确指出其违反的规章制度、职业道德或社会公德等方面，以表明该错误行为的严重性和不可取性。

③提出处分决定。根据错误行为的性质、情节及造成的后果，依据相关规定和制度，明确提出对责任人员或单位的处分决定。

④提出要求并发出警示。为避免类似错误再次发生，在通报结尾部分要提出具体、明确的要求，如加强员工培训、完善管理制度、强化监督检查等。同时，向全体相关人员发出警示，强调要从此次事件中吸取教训，引以为戒。

(3)情况性通报。包括以下三个方面的内容：

①叙述情况。这一部分所占篇幅相对较大，在写作时要注意表述准确、语言精练，清晰呈现事件的来龙去脉、发展态势等关键信息。

②分析情况。针对所通报的具体情况，进行客观、恰如其分的剖析。从不同角度挖掘现象背后的原因、影响及潜在趋势，并表明对该情况的态度。

③提出希望或要求。根据通报的情况，结合工作目标与实际需求，提出今后工作的具体意见和要求。

4. 落款

在正文后右下方写明发文机关名称和成文日期。

(四)写作要求

1. 格式规范

严格按照党政机关公文格式要求进行排版，包括字体、字号、行距、页边距等。

2. 内容准确

通报内容要真实准确，表述要清晰明了，避免产生歧义。

3. 语言得体

使用规范的语言，避免使用口语化、情绪化的词语。

4. 重点突出

语言要简洁明了，重点突出，避免冗长拖沓。

(五)案例分析

1. 例文点评

关于表彰2023年度优秀员工的通报

各部门：

为表彰先进、树立典型，激励全体员工奋发向上，经公司研究决定，对在2023年度工作中表现突出的优秀员工予以表彰。现将有关事项通报如下：

一、优秀员工名单

张三　李四　王五

二、希望受表彰的员工珍惜荣誉，再接再厉，为公司发展作出更大的贡献。同时，希望全体员工以他们为榜样，努力工作，争创佳绩。

特此通报。

××公司(印章)

2023年×月×日

【点评】

该例文结构完整、内容清晰，但存在以下不足：

(1)标题。

缺少发文机关名称，可以修改为《××公司关于表彰2023年度优秀员工的通报》。

(2)主送机关。

可以更具体一些，例如“各部门”可以修改为“各部门、各分公司”。

(3)正文。

①开头：可以更简洁一些。例如“为表彰先进，树立典型，激励全体员工奋发向

上，经公司研究决定，对在2023年度工作中表现突出的优秀员工予以表彰”可以修改为“经公司研究，决定对2023年度优秀员工予以表彰，现将有关事项通报如下”。

②主体：可以更具体一些。例如“优秀员工名单”可以列出优秀员工所属具体部门，并对他们的先进事迹进行简要描述。

③结尾：“特此通报”可以省略。

2. 例文修改

××公司关于表彰2023年度优秀员工的通报

各部门、各分公司：

经公司研究，决定对2023年度优秀员工予以表彰，现将有关事项通报如下：

一、优秀员工名单

1. 张三（销售部）：超额完成年度销售任务，为公司创造了显著的经济效益。

2. 李四（技术部）：积极参与新产品研发，攻克了多项技术难题。

3. 王五（行政部）：工作认真负责，出色完成了各项后勤保障任务。

二、希望受表彰的员工珍惜荣誉，再接再厉，为公司发展作出更大的贡献。同时，希望全体员工以他们为榜样，努力工作，争创佳绩。

××公司（印章）

2023年×月×日

四、报告的写作

情境导入

“小王，这份年度工作报告需要修改一下，重点不够突出，数据不够翔实。”领导的意见让小王意识到，写好一份报告并非易事。报告是党政机关、企事业单位常用的公文文种，用于向上级机关汇报工作、反映情况、提出建议等。如何才能写出一份格式规范、内容充实、逻辑清晰的报告呢？

（一）报告的含义及分类

报告是适用于向上级机关汇报工作、反映情况、回复上级机关询问的公文文种。根据内容和用途，可分为工作报告、情况报告、建议报告、答复报告、递送报告等。

（二）报告的特点

1. 汇报性

报告是下级机关向上级机关汇报工作、反映情况的公文，具有汇报性。

2. 陈述性

报告在表达方式上以陈述事实为主，要求内容真实准确，语言平实客观，避免使用过于华丽或带有强烈主观色彩的词汇。

3. 针对性

报告的内容通常具有明确的指向性，一般围绕特定的工作事项或具体情况展开。

4. 时效性

报告往往针对近期发生的事件、正在推进的工作或当下出现的情况，具有较强的时效性。

(三)写作方法

1. 报告的结构

(1)标题：一般由发文机关、事由和文种组成，例如《××市生态环境局关于2023年度生态环境保护工作的报告》。

(2)主送机关：写明报告的受文机关，一般为发文机关的直接上级机关。

(3)正文：一般由开头、主体和结尾语等部分组成。

①开头：简要说明报告的背景、目的或依据。常用“现将有关情况报告如下”一语转入下文。

②主体：是报告的核心部分，用来说明报告事项。在不同类型的报告中，报告事项的内容可以有所侧重。若报告是汇报具体工作，则应包括取得的成绩、存在的问题、原因分析、改进措施等内容。

③结尾：根据报告种类的不同，使用不同的习惯用语，应另起一段来写。工作报告和情况报告的结尾语常用“特此报告”；建议报告则用“请审阅”“请收阅”等；答复报告、递送报告多用“专此报告”。结尾语不是报告必需的要素。

(4)落款：写明发文机关名称和成文日期。

(四)写作要求

1. 格式规范

报告应严格按照党政机关公文格式要求进行排版，包括字体、字号、行距、页边距等。

2. 内容充实

报告内容要真实准确，数据翔实，分析透彻，建议可行。

3. 语言得体

报告应使用规范的语言，避免使用口语化、情绪化的词语。

4. 逻辑清晰

报告的结构要清晰合理，层次要分明，便于阅读和理解。

(五)案例分析

1. 例文评析

关于2023年度生态环境保护工作的报告

市政府：

2023年，我市生态环境保护工作取得了显著成效，现将有关情况报告如下：

一、主要工作及成效

1. 大气污染防治。

2. 水污染防治。

3. 土壤污染防治。

二、存在的问题

1. 企业环保意识不强。

2. 相关基础设施建设滞后。

3. 环境监管不力。

三、下一步工作计划

（略）

特此报告。

××市生态环境局（印章）
2023年×月×日

【点评】

该例文结构完整，内容清晰，但存在以下不足：

（1）标题。

缺少发文机关名称，可以修改为《××市生态环境局关于2023年度生态环境保护工作的报告》。

（2）主送机关。

可以更具体一些。例如"市政府"可以修改为"××市人民政府"。

（3）正文。

①主体：可以更具体一些。例如"主要工作及成效"可以列出具体工作内容和取得的成效，"存在的问题"可以列出具体问题和原因分析，"下一步工作计划"可以列出具体计划和措施。

②结尾："特此报告"可以省略。

2. 例文修改

××市生态环境局关于2023年度生态环境保护工作的报告

××市人民政府：

2023年，我市生态环境保护工作取得了显著成效，现将有关情况报告如下：

一、主要工作及成效

1. 大气污染防治：实施重点行业超低排放改造，淘汰老旧机动车，空气质量优良天数比例达到85%。

2. 水污染防治：推进重点流域水环境综合治理，城市黑臭水体消除比例达到90%。

3. 土壤污染防治：开展重点行业企业用地土壤污染状况调查，完成污染地块风险管控和修复。

二、存在的问题

1. 部分企业环保意识不强，存在偷排偷放现象。

2. 环境基础设施建设滞后，污水处理能力不足。

3. 环境监管力量薄弱，执法力度有待加强。

三、下一步工作计划

1. 加强环境执法监管，严厉打击环境违法行为。

2. 加大环境基础设施建设投入，提升污染治理能力。

3. 加强环保宣传教育，提高公众环保意识。

××市生态环境局(印章)

2023年×月×日

五、请示的写作

情境导入

“小陈，这份经费请示写得不够规范，理由不够充分，格式也不完整。”财务主管的话让小陈意识到，写好一份请示并非易事。请示是党政机关、企事业单位常用的公文文种，用于向上级机关请求指示、批准事项等。如何才能写出一份格式规范、理由充分、语言得体的请示呢？

(一)请示的含义及分类

请示是适用于向上级机关请求指示、批准的公文，属于上行文。下级机关在向上级机关行文时，应当严格遵循上行文的规则，行文规则在《党政机关公文处理工作条例》“第四章　行文规则”中有明确规定。根据内容和用途，可分为请求指示的请示、请求批准的请示和请求批转的请示。

(二)请示的特点

1. 期复性

请示是下级机关向上级机关请求指示、批准的公文，具有期复性。下级机关在面临自身职权范围内无法解决的问题，或对某些政策、规定理解不明确时，通过请示向上级机关寻求指导与批准，迫切期待上级机关给予明确的答复，以推进工作的顺利开展。

2. 单一性

请示内容通常较为单一，遵循一文一事的原则，不涉及多个问题。

3. 事前性

请示一般是在事情办理之前向上级机关提出，具有事前性。这是为了确保工作在合规、有序的框架内进行，避免先斩后奏造成工作的被动或违规。

4. 时效性

请示一般针对近期需要办理的事项，具有较强的时效性。这些事项往往对工作进程影响较大，若不及时处理可能延误工作时机。所以，请示须及时提交，上级机关也应尽快回复，以保障工作的高效推进。

（三）写作方法

1. 请示的结构

请示由标题、主送机关、正文和落款四个部分组成。

（1）标题。

一般由发文机关名称、事由和文种构成，如《××学院关于增加20××年人员编制的请示》。请示作为上行文，其标题一般不能省略发文机关名称。标题不能仅写“请示”二字，也不能写成“报告”或“请示报告”。另外，请示含有请求、申请的意思，所以请示的标题中不宜再出现“请求”或“申请”等字样。

（2）主送机关。

请示的主送机关是指负责受理和答复请示的机关。请示只能写一个主送机关。受双重或多重领导的下级机关向上级机关行文，如有必要，应当写明主送机关和抄送机关，由主送机关负责答复其请示事项。

《党政机关公文处理工作条例》还规定：“除上级机关负责人直接交办事项外，不得以本机关名义向上级机关负责人报送公文，不得以本机关负责人名义向上级机关报送公文。”

（3）正文。

包括开头、主体和结尾三个部分。

①开头：简要说明请示的背景、目的或依据。它是请示事项能否被批准的关键，关系到事项是否成立，是否可行，关系到上级机关审批请示的态度，也是上级机关批复的根据。这部分内容要客观具体、有理有据、说明充分，上级机关才能及时决断，予以有针对性的批复。所以，在阐述缘由时，通常要力求完备，将依据、情况、意义、作用等要素一一呈现。有时，为使上级机关更好地理解事情全貌，还需对相关背景进行必要说明。

②主体：主要提出请求的具体事项。这部分内容要单一，坚持一文一事的原则。请求事项要符合法规、符合实际，具有可行性和可操作性。事项要写得具体、明确、条项清楚，如果请示的事项比较复杂，要分清主次，逐条写出，重点突出，用语明确，语气得体。

③结尾。结尾要另起一段，使用请示的习惯用语，以“当否，请批示”“妥否，请批复”“以上请示如无不妥，请批复”“以上请示如无不妥，请批转各部门研究执行”等语句作结。结尾语不能遗漏。

如请示中有附带的名单、报表、方案等补充材料，可作“附件”处理。

(4)落款。

写明发文机关名称和成文日期。如为联合请示，主办单位印章在前，协办单位印章在后，最后一个单位的印章下压成文日期。

2. 请示的写作要求

(1)格式规范。要按照党政机关公文的格式要求进行排版，包括字体、字号、行距、页边距等。

(2)理由充分。请示的理由要充分、具体、合理，能够说服上级机关。

(3)语言得体。使用规范的语言，避免使用口语化、情绪化的词语。

(4)重点突出。语言要简洁明了，重点突出，避免冗长拖沓。

(四)案例分析

1. 例文点评

关于申请追加生态环境保护专项资金的请示

市政府：

为加强我市生态环境保护工作，现申请追加生态环境保护专项资金500万元。

妥否，请批示。

××市生态环境局(印章)

2023年×月×日

【点评】

该例文结构完整、内容清晰，但存在以下不足：

(1)标题：缺少发文机关名称，可以修改为《××市生态环境局关于申请追加生态环境保护专项资金的请示》。

(2)主送机关：应更具体一些。例如“市政府”可以修改为“××市人民政府”。

(3)正文：

①开头：“为加强我市生态环境保护工作，现申请追加生态环境保护专项资金500万元”可以修改为“为加强生态环境保护工作，现申请追加专项资金500万元，具体情况如下”。

②主体：应更具体一些。对于“为加强我市环境保护工作”，应列出具体工作内容和资金需求；对于“申请追加环境保护专项资金500万元”，应列出资金用途和预算明细。

2. 例文修改

××市生态环境局关于申请追加生态环境保护专项资金的请示

××市人民政府：

为加强生态环境保护工作，现申请追加专项资金500万元，具体情况如下：

一、资金用途

1. 大气污染防治：用于重点行业超低排放改造，预计需要资金200万元。

2. 水污染防治：用于重点流域水环境综合治理，预计需要资金200万元。

3. 土壤污染防治：用于重点行业企业用地土壤污染状况调查，预计需要资金100万元。

二、资金预算

（略）

妥否，请批示。

××市生态环境局（印章）

2023年×月×日

请示是党政机关、企事业单位常用的公文文种，掌握请示的写作方法，可以帮助我们更好地向上级机关请求指示、批准事项。

六、函的写作

情境导入

“小李，这份商洽函写得不够得体，语气不够委婉，内容也不够具体。”办公室主任的话让小李意识到，写好一份函并非易事。函是党政机关、企事业单位常用的公文文种，用于不相隶属机关之间商洽工作、询问和答复问题、请求批准和答复审批事项等。如何才能写出一份格式规范、语言得体、内容具体的函呢？

（一）函的含义及适用范围

《党政机关公文处理工作条例》规定：“函，适用于不相隶属机关之间商洽工作、询问和答复问题、请求批准和答复审批事项。”

函是公文中唯一的平行文种，适用范围广泛。在行文方向上，函主要用于平行或不相隶属单位间的往来，有隶属关系的单位也可使用。

在适用内容方面，函主要用于不相隶属机关商洽工作、询问和答复问题，也可向有关主管部门请求批准事项，向上级机关询问具体事项，还可以用于上级机关答复下级机关的询问或批准请求，以及上级机关向下级机关催办有关事宜，如要求下级机关函报报表、材料、统计数据等。

函主要与业务主管部门发生联系，所以有别于“请示”。一般而言，向直接隶属的上级机关请求指示或批准用“请示”，向无隶属关系的主管部门请求批准用“函”。

（二）函的种类

（1）按性质可分为公函和便函。公函用于机关单位正式的公务活动往来；便函则用于日常事务性工作的处理。公函的格式较为正规，一般需按照公文格式制发，由标题、主送机关、正文、落款等部分组成，还需编上发文字号。便函不属于正式公文，没有公文格式要求，甚至可以不要标题，不编发文字号，只需要在尾部署名署时，并加盖印章即可。

（2）按内容和用途可分为商洽函、问答函、请批函、告知函、邀请函、催办函、报送材料函等。

（3）按行文方向可分为去函和复函。去函是主动提出公务事项所发出的函，复函则是针对来函所提出的问题或事项答复对方所发出的函。

（三）函的特点

1. 平行性

函作为典型的平行文，主要适用于不相隶属机关之间的信息传递与沟通。这意味着发函机关与受函机关在组织架构上不存在直接的上下级隶属关系，它们在各自的职权范围内独立开展工作。

2. 灵活性

函的内容广泛，形式灵活，使用方便。从内容上看，它涵盖范围极广。在形式上，函不像一些下行文那样有着严格的格式与规范要求，相对较为灵活。在使用场景上，只要是不相隶属机关间有沟通需求，都可方便地使用函这一文种，不受过多限制。

3. 单一性

函的内容通常遵循单一性原则，即一文一事。这样做旨在确保函件内容聚焦，便于受函机关准确理解发函意图，迅速作出回应。应避免在同一函件中涉及多个问题，影响沟通效率与工作推进。

4. 时效性

函大多针对近期需要办理的事项，具有较强的时效性。所以，函件的撰写与回复都应及时，以保障相关工作的高效开展。

（四）写作方法

1. 函的结构

函一般由标题、主送机关、正文、落款组成。

（1）标题。

①由发文机关名称、事由和文种构成，如《××关于提供20××年度相关住房登记

信息的函》《××大学关于××公司行政管理人员进修的复函》等。

②由事由和文种构成的，如《关于推荐科技培训师资的函》。

(2)主送机关。

主送机关即受理函件的机关单位，应当使用机关全称、规范化简称或者同类型机关统称，其后用冒号，如“各省、自治区、直辖市教育厅(教委)，新疆生产建设兵团教育局”。

(3)正文。

①开头。开头部分主要说明发函的背景、缘由、目的、依据等内容。

②主体。主要说明致函事项或表达意见。要简明扼要地写清需要商洽、询问、联系、请求、告知或答复的事项，这部分内容根据实际情况可多可少。

③结尾。结尾部分用礼貌用语向对方提出希望或请求，或希望对方给予支持和帮助，或希望对方给予合作，或请求对方提供情况，或请求对方予以批准等，这些主要是去函的结尾写法。

④结语。在结尾下面另起一行写结语。不同种类的函结语有别。如果发函只是告知对方事项而不需对方回复，则用“特此函告”“特此函达”等。如要求对方复函，则用“请予函复”“盼复”等。商洽函的结语常用“恳请协助”“不知贵方意见如何，请函告”“望协助办理，并请尽快见复”“望大力协助，盼复”等。请批函的结语常用“请审核批准”“当否，请审批”“望准予为荷”等。答复函、批答函的结语常用“此复”“特此复函”“专此函告”等。

(4)落款。

在正文后右下方写明发文机关名称和成文日期。

2. 函的写作要求

(1)格式规范。应严格按照党政机关公文格式要求进行排版，包括字体、字号、行距、页边距等方面。

(2)语言得体。使用规范的语言，语气要委婉、礼貌，避免使用命令式、指责性的词语。

(3)内容具体。函的内容要具体明确，便于对方理解和办理。

(4)简洁明了。语言要简洁明了，重点突出，避免冗长拖沓。

(五)案例分析

1. 例文点评

关于商洽生态环境保护合作事宜的函

××市生态环境局：

为进一步加强生态环境保护工作，我局拟与贵局开展生态环境保护合作，现将有关事项函告如下：

一、合作内容

1. 大气污染防治。

2. 水污染防治。

3. 土壤污染防治。

二、合作方式

共同商议，具体问题具体分析。

三、联系方式

电话：×××

特此函达。

××市生态环境局(印章)

2024年×月×日

【点评】

该例文结构完整、内容清晰，但存在以下不足：

(1)标题：缺少发文机关名称，可以修改为《××市生态环境局关于商洽生态环境保护合作事宜的函》。

(2)主送机关：可以更具体一些。例如“××市生态环境局”可以修改为“××市生态环境局办公室”。

(3)正文：

①开头：可以更简洁一些。例如“为进一步加强生态环境保护工作，我局拟与贵局开展生态环境保护合作，现将有关事项函告如下”可以修改为“为加强生态环境保护合作，现将有关事项函告如下”。

②主体：应更具体一些。例如“合作内容”应列出具体合作项目，“合作方式”应列出具体合作方式，联系方式应包括具体的联系人、电话、邮箱。

③结尾：此函需要对方的回复，“特此函达”应省略。

2. 例文修改

××市生态环境局关于商洽生态环境保护合作事宜的函

××市生态环境局办公室：

为加强生态环境保护合作，现将有关事项函告如下：

一、合作内容

1. 大气污染防治：联合开展重点行业超低排放改造，共享污染源监测数据。

2. 水污染防治：共同推进重点流域水环境综合治理，建立跨区域水污染联防联控机制。

3. 土壤污染防治：合作开展重点行业企业用地土壤污染状况调查，共同推进污染地块风险管控和修复。

二、合作方式

1. 建立定期会商机制：每季度召开一次联席会议，研究解决合作中的重大问题。

2. 加强信息共享：建立信息共享平台，及时共享环境监测数据、污染源信息等。

3. 联合开展执法行动：针对跨区域环境违法行为，联合开展执法行动，形成执法合力。

三、联系方式

联系人：×××

联系电话：×××

邮箱：×××@qq.com

××市生态环境局(印章)
2024年×月×日

随堂练习

1. 会议通知撰写

假设你所在学校计划举办一场“新学年教学改革研讨会”，旨在探讨如何提升教学质量、优化课程设置以及加强师生互动等。参会人员包括各学科教研组长、骨干教师以及学校教学管理部门的相关领导。会议将在学校的学术报告厅举行，为期一天，分为上午的主题演讲、下午的分组讨论与总结汇报环节。

请结合以上信息撰写一份会议通知，要求明确会议目的、时间、地点、参会人员、议程安排以及相关注意事项。

2. 表彰通报撰写

近期，你所在单位开展了“年度优秀员工评选”活动，张三、李四等5名员工荣获“年度优秀员工”称号。他们在过去一年里，分别在业务拓展、团队协作、创新工作方法等方面表现卓越，为单位创造了显著的经济效益与社会效益。

请以单位名义撰写一份表彰通报，对他们的先进事迹进行阐述，表达对他们的肯定与鼓励，同时号召全体员工向其学习，字数不少于300字。

3. 年度工作报告撰写

过去一年，你所在学校在教学成果、师资队伍建设、校园文化活动以及对外交流合作等方面都开展了一系列工作。在教学成果方面，学生在各类学科竞赛中取得了优异成绩；师资队伍建设上，多位教师参加了专业培训与学术交流活动；校园文化活动丰富多彩，增强了学生的综合素质；对外交流合作拓展了师生的国际视野。

请结合以上实际情况，撰写一份年度工作报告，字数不少于800字。

4. 经费请示撰写

你所在单位计划在下个季度开展一项重要的科研项目，项目旨在攻克行业内的一项关键技术难题，预期成果将显著提升单位的核心竞争力。然而，该项目所需的实验设备购置、科研人员培训以及实验材料采购等方面存在较大的经费缺口。经过初步预算，共需经费200万元。

请撰写一份经费请示，向单位上级主管部门详细说明项目的必要性、经费预算明细以及预期效益，请求批准拨付所需经费，字数不少于300字。

5. 函件撰写

你所在学校与另一所兄弟院校在学术研究、学生交流等方面一直保持着良好的合作关系。近期，你校计划举办一场大型的跨校学术交流活动，希望邀请兄弟院校的相关专业教授前来进行学术讲座，并组织学生进行交流互动。活动拟定于2025年4月13日举行，为期3天。

请撰写一份商洽函，向兄弟院校说明活动的安排、目的与意义，表达合作意愿，字数不少于300字。

第三节　沟通任务：实现职场高效沟通

情境导入

“小张，这次的客户沟通会议效果不太理想，客户对我们的方案提出了很多质疑。”部门经理的话让小张陷入了沉思。他意识到，职场沟通不仅仅是信息的传递，更是双方思想、情感的交流。如何才能实现职场高效沟通，达成共识，解决问题呢？

一、理论讲解

(一)职场沟通的含义及分类

职场沟通是指在职场环境中，通过有效的沟通方式和方法，准确、清晰地传递信息，达成共识，解决问题，提高工作效率。根据沟通对象的不同，可分为上行沟通、下行沟通和平行沟通。

1. 上行沟通

上行沟通是指在组织或职场中，信息从较低层级向较高层级传递的过程，如员工向领导或上级汇报工作、反映问题、提出建议等。

2. 下行沟通

下行沟通是指信息从较高层级向较低层级传递的过程，如领导或上级向员工传达工作指令、目标、政策等。

3. 平行沟通

也称为横向沟通，指的是职场中处于同一层级的部门、人员之间进行信息交流。

(二)职场沟通的特点

1. 目的明确

在职场环境中，每一次沟通都有着清晰且特定的目标指向。这可能是为了解决工作中出现的实际问题，也可能是为了与团队成员达成共识，还可能仅仅是为了准确传递信息。

2. 信息准确

传递的信息要准确无误，避免产生歧义和误解。任何信息的偏差，都可能导致工作失误、效率降低甚至引发严重后果。

3. 表达清晰

采用简洁明了的语言，以清晰的逻辑来表达观点，是职场沟通的关键要求。

4. 双向互动

职场沟通并非单向的信息输出，而是双向的交流过程。在表达自己观点的同时，需要认真倾听对方的意见，给予充分的尊重，并及时、有效地给予反馈。

二、任务方法

(一)职场沟通的方法

1. 明确沟通目标

在沟通之前，务必明确沟通的目标和期望达成的结果。例如，若此次沟通旨在解决项目预算超支问题，那么目标就应明确为商讨出合理的预算调整方案，确保项目顺利推进。

2. 准备沟通内容

根据沟通目标，准备相关的资料和信息，并组织好语言。比如，若要与客户沟通产品方案，就需准备好产品介绍、竞品分析、成功案例等资料，并提前构思好如何清晰阐述产品优势。

3. 选择沟通方式

结合沟通对象的特点以及沟通内容的性质，挑选恰当的沟通方式。若沟通对象注重效率且沟通内容较为紧急，电话沟通或许更为合适；若沟通内容复杂，需详细呈现数据与图表，邮件沟通则更能确保信息准确传达；而对于重要且需深入交流的事项，面对面沟通往往效果更佳。

4. 进行有效沟通

在沟通过程中，注意倾听对方的意见，并及时给予反馈，确保信息传递的准确性和完整性。例如，适时点头表示理解，针对对方观点提出有建设性的回应，避免信息在传递过程中出现偏差或遗漏。

5. 总结沟通结果

沟通结束后，系统总结沟通结果，确认双方达成的共识，并明确下一步的行动计划。

(二)职场沟通的要求

1. 语言简洁

运用简洁明了的语言进行表达，尽量避免使用过于专业的术语以及晦涩难懂的词语。例如，将“边际效应递减”表述为“随着投入增加，产出的效益增长逐渐变慢”。

2. 逻辑清晰

表达观点时要逻辑严谨、层次分明，按照一定的顺序展开论述，如因果关系、时间顺序或重要程度等。比如，在阐述项目推进计划时，可按照前期筹备、中期执行、后期验收的时间顺序进行说明。

3. 重点突出

沟通中突出重点内容，摒弃冗长烦琐的表述，避免浪费对方时间。例如，在汇报工作时，先阐述最重要的成果与问题，再补充相关细节。

4. 语气得体

根据沟通对象的身份及具体场合，选择得体的语气进行交流。避免使用命令式、指责性的词语，以免引发对方反感。例如，在与同事沟通时，用“能否请你帮忙……”替代“你必须……”

三、案例分析

（一）例文点评

客户沟通会议记录

时间：2023 年 10 月 26 日

地点：公司会议室

参会人员：客户代表、项目经理、产品经理、技术负责人

会议内容：

1. 客户代表介绍了他们的需求和期望。
2. 项目经理介绍了我们的方案。
3. 客户代表对我们的方案提出了很多质疑。
4. 我们进行了讨论，但没有达成共识。

【点评】

该例文记录了客户沟通会议的基本情况，但存在以下不足：

（1）内容不够具体。

例如，“客户代表介绍了他们的需求和期望”可以列出具体的需求和期望，“项目经理介绍了我们的方案”可以列出方案的主要内容，“客户代表对我们的方案提出了很多质疑”可以列出具体的质疑内容。

（2）缺乏分析和总结。

没有对客户质疑的原因进行分析，也没有总结会议达成的共识和下一步行动计划。

(二)例文修改

客户沟通会议记录

时间：2023 年 10 月 26 日
地点：公司会议室
参会人员：客户代表、项目经理、产品经理、技术负责人
会议内容：
1. 客户需求和期望
(1)希望产品能够满足他们的个性化需求。
(2)希望产品能够尽快上线。
(3)希望产品价格能够优惠。
2. 我们的方案
(1)介绍了产品的功能和特点。
(2)介绍了产品的开发进度。
(3)介绍了产品的价格方案。
3. 客户质疑
(1)认为产品功能不够完善，无法满足他们的需求。
(2)认为产品开发进度太慢，无法满足他们的上线时间要求。
(3)认为产品价格太高，超出了他们的预算。
4. 讨论和分析
(1)我们分析了客户的需求和期望，并解释了我们的方案。
(2)我们承认产品功能存在不足，并表示会尽快完善。
(3)我们解释了产品开发进度慢的原因，并表示会加快进度。
(4)我们解释了产品价格的构成，并表示可以考虑给予一定的优惠。
5. 会议结果
我们与客户达成了初步共识，将继续完善产品功能，加快开发进度，并考虑给予一定的价格优惠。

我们将在下周与客户进行下一次沟通，讨论具体的产品功能和价格方案。

随堂练习

1. 沟通内容优化

【场景】你是公司的一名项目主管，负责带领团队开发一款新的办公软件。目前项目遇到了技术难题，部分功能的实现进度滞后，可能影响产品的整体上线时间。你需要与技术部门负责人沟通这个问题。原始邮件沟通内容如下：

张工，你好！

我发现咱们项目在技术实现上有点问题，有些功能进度慢了，你看看怎么

办吧。

请对以上场景中的沟通内容进行修改，使其更加符合职场高效沟通的要求。

2. 沟通情境模拟

假设你所在学校计划与一家知名企业开展校企合作，为学生提供实习和就业机会。你作为学校就业指导中心的工作人员，需要与该企业的人力资源经理进行沟通洽谈。请设计一段双方的对话，充分体现职场沟通的方法和要求。对话内容不少于500字。

第四节　沟通任务：完成述职汇报演讲

情境导入

“小王，下周的述职汇报就由你来负责，好好准备一下。”部门经理的话让小王既兴奋，又紧张。兴奋的是，这是一个展示自己能力的机会；紧张的是，他从未在这么多人面前做过述职汇报。如何才能完成一次成功的述职汇报演讲，清晰准确地传达信息，并给领导和同事留下深刻印象呢？

一、理论讲解

（一）述职汇报的含义及分类

述职汇报是指个人或团队在一定时期内，向领导、同事或其他相关人员汇报工作成果、总结经验教训、提出改进措施的演讲。根据汇报对象的不同，可分为向上级领导的述职汇报、向同级同事的述职汇报和向下级员工的述职汇报。

（二）述职汇报的特点

1. 目的明确

述职汇报有着清晰且特定的目标指向。其目的一般是向领导、同事或相关上级部门汇报个人或团队在一定时期内的工作成果，通过对过往工作的梳理，总结经验教训，进而提出改进措施，为后续工作的开展提供指导。

2. 内容真实

述职汇报所呈现的内容必须真实可靠、准确无误。既不能为了彰显功绩而夸大成绩，也不能因顾虑影响而隐瞒问题。

3. 逻辑清晰

述职汇报的结构要清晰合理，层次分明，便于听众理解和接受。

4. 语言得体

述职汇报的语言要简洁明了，重点突出，避免使用过于专业、生僻的术语以及晦涩难懂的词语，以免造成听众理解障碍。

二、任务方法

(一)述职汇报的结构

1. 开场白

在开场白部分，汇报者应介绍自己的身份，包括所在部门、职位等信息，让听众对汇报主体有明确认知。接着，点明本次汇报的主题，使听众迅速注意到核心内容。此外，要真诚地感谢听众拨冗出席，营造良好的沟通氛围。

2. 主体

(1)工作回顾：回顾过去一段时间的工作情况，着重汇报在工作中取得的显著成绩，如完成的重要项目、达成的关键指标等，并阐述在工作过程中积累的经验，如有效的工作方法、团队协作模式等。

(2)问题分析：深入分析工作过程中出现的问题与不足，不仅要指出问题的表象，更要深挖背后的原因。原因分析应从多个维度展开，如个人能力、团队协作、外部环境等。

(3)改进措施：针对已分析出的问题，提出可行的改进措施。改进措施应有明确的目标、具体的实施步骤以及合理的时间规划。同时，对未来工作进行展望。

3. 结尾

在结尾部分，对全文内容进行总结，再次强调核心要点，并欢迎听众提问。

(二)述职汇报的要求

1. 内容充实

述职汇报的内容应真实准确，数据翔实可靠，分析透彻深入，建议切实可行。

2. 逻辑清晰

结构上要清晰合理，各部分之间过渡自然、衔接紧密。层次要分明，按照一定的逻辑顺序组织内容，如先成绩、后问题、再改进，或按工作模块、时间阶段等进行划分。

3. 语言得体

使用规范、正式的语言进行汇报，避免口语化、随意性强的表述，以及带有强烈个人情绪色彩的词语。

4. 重点突出

语言要简洁精练，避免冗长拖沓，将核心内容和关键信息突出呈现。

三、案例分析

(一)例文评析

2023年度述职汇报

尊敬的各位领导、同事：

大家好！

我是××部门的××，今天很荣幸能够在这里向大家汇报我2023年度的工作情况。

一、工作回顾

1. 完成了×××项目。

2. 提高了产品质量。

3. 加强了团队建设。

二、问题分析

1. ×××项目进度延迟，对很多问题预估不足。

2. 成本控制出现问题，×××项目成本超出预算。

三、改进措施

1. 强化项目管理。

2. 优化成本管理。

四、未来展望

在新的一年里，我将继续努力，为公司发展作出更大的贡献。

谢谢大家！

【点评】

该例文结构完整、内容清晰，但存在以下不足：

(1)内容过于简略。虽然提及完成了×××项目、提高了产品质量以及加强了团队建设，但缺乏具体数据与细节支撑。例如，完成×××项目，可详细说明项目完成情况、为公司带来的实际效益。

(2)问题分析不够深入。如对于×××项目进度延迟，仅提及对很多问题预估不足，表述过于笼统。应具体分析是哪些方面的问题预估不足，如技术难题、人员调配、外部环境变化等。

(3)改进措施不够具体。提出强化项目管理和优化成本管理的方向是正确的，但缺乏具体的实施细节。

(二)例文修改

2023年度述职汇报

尊敬的各位领导、同事:

大家好!

我是××部门的××,今天很荣幸能够在这里向大家汇报我2023年度的工作情况。

一、工作回顾

1. 项目成果。主导完成了[项目名称]项目,该项目提前×天交付,为公司节省成本×万元。项目成果得到了合作方的高度认可,为公司赢得了×份新的合作意向书,进一步拓展了市场份额。

2. 质量提升:通过优化工作流程和引入新的质量检测标准,产品合格率从原本的×%提升至×%。在行业内的质量评比中,公司产品获得了[具体奖项名称],显著提升了公司品牌形象。

3. 团队协作。组织了×次团队建设活动,涵盖户外拓展、专业技能竞赛等。通过这些活动,团队成员之间的沟通更加顺畅,协作效率提高了×%。同时,团队成员在各类专业技能考试中的通过率达到了×%,整体专业素养得到有效提升。

二、问题分析

1. 部分项目进度延迟。[项目名称]项目进度较计划延迟了3周。主要原因在于项目初期对技术难题预估不足,导致在开发过程中花费过多时间解决技术问题。此外,跨部门协作沟通存在障碍,信息传递不及时,影响了项目推进速度。

2. 成本控制压力大。[项目名称]项目成本超出预算×%。一方面,原材料价格上涨超出预期,增加了采购成本;另一方面,内部资源分配不够合理,导致部分人力和设备资源闲置浪费。

三、改进措施

1. 强化项目管理。在项目前期进行更全面的风险评估,针对可能出现的技术难题提前制定应对方案。建立更高效的跨部门沟通机制,定期召开项目协调会议,确保信息及时、准确传递,保障项目按计划推进。

2. 优化成本管理。加强与供应商的长期合作,通过签订年度框架协议等方式锁定原材料价格,降低价格波动风险。同时,建立内部资源动态管理系统,根据项目实际需求合理调配人力和设备资源,提高资源利用率,严格控制项目成本。

在新的一年里,我将继续努力,不断创新,为公司发展作出更大的贡献。

谢谢大家!

随堂练习

1. 情境模拟

假设你是学生会宣传部的部长，过去一学期，你带领部门成员负责学校多项活动的宣传工作。在宣传过程中，团队创新了宣传形式，不仅制作了精美的海报、宣传单页，还利用短视频平台进行线上推广，成功提升了活动的参与度和学校的知名度。不过，也出现了一些问题，比如部分宣传内容针对性不强，导致一些同学对活动兴趣不高；宣传工作的时间安排不够合理，有时临近活动才完成宣传，影响了推广效果。

请结合上述实际情况，撰写一份述职汇报演讲稿，向学校老师和学生会成员汇报工作，字数不少于800字。

2. 内容优化

以下是一份简化的述职汇报，请按照职场高效沟通的要求进行修改，使其内容更翔实、分析更深入、措施更具体。字数不少于600字。

述职汇报

1. 工作概况：完成了季度项目任务，提升了部门协作效率，增强了员工技能水平。

2. 存在问题：部分工作流程烦琐，导致工作效率低下。

3. 改进方向：优化工作流程，提高工作效率。

【写作要求】(1)针对“完成了季度项目任务”，详细说明项目名称、项目目标达成情况、为公司带来的收益或其他成果。(2)针对“部分工作流程烦琐，导致工作效率低下”，深入分析是哪些具体流程烦琐，烦琐的环节对工作效率产生了哪些具体影响。(3)对于“优化工作流程，提高工作效率”，列出优化工作流程的具体步骤。

项目七
参与商务活动

第一节　写作任务：制定商业合作提案

情境导入

初入职场的小张，迎来职业生涯首个重大任务——为公司与行业知名企业制定商业合作提案。该知名企业市场地位重要，合作成功将给小张所在公司带来巨大的发展机遇。但小张感到困难重重：对专业术语运用不够熟练，担心表述影响提案质量；从未参与过商务谈判，不知如何精准展现公司优势，契合合作方需求。

历经数天，小张完成了首版提案，主管审阅后用红笔批注诸多了问题：市场分析缺有力数据，多为臆断，难以服众；合作方案模糊，双方权责界定不明，缺乏实操性。同时，小张得知经验丰富的竞争对手也在积极准备提案，倍感压力。

一项职场新人调查显示，超 80%的新人初次撰写商业合作提案时，都面临数据不足、方案不够清晰等问题。他不禁回想起大学实习时从事的简单文案工作，与如今商业提案的要求相比，差距巨大，这让他感受到理论与实践之间存在着深深的鸿沟。当下，他必须尽快跨越这道鸿沟，重新撰写一份高质量的提案，为公司赢得合作机会。

一、理论讲解

(一) 商业提案的含义及分类

1. 商业提案的含义

商业提案是一份详细的书面文件或演示文稿，用于向潜在客户、合作伙伴、投资者或其他利益相关者介绍商业创意、产品或服务，以说服他们采取特定行动，如购买产品、投资项目、建立合作关系等。它通常包含对商业机会的描述、目标市场分析、解决方案、营销策略、财务预测以及预期的收益和回报等内容，是商业活动中沟通和推销的重要工具。

2. 商业提案的分类

(1)按目标分类。

①销售提案：主要目的是向潜在客户推销产品或服务，重点在于阐述产品或服务的特点、优势，以及如何满足客户的需求，以促成销售交易。例如，一家软件公司向企业客户提交的关于定制化管理软件的销售提案，会详细介绍软件的功能、可带来的效率提升以及售后服务等内容。

②投资提案：旨在吸引投资者对特定项目或企业进行投资。这类提案会着重展示项目的商业前景、市场潜力、财务预测以及投资回报机制等，以说服投资者提供资金支持。例如，一家初创科技公司为了获得风险投资而准备的商业计划书，就是一种投资提案，其中包括公司的技术创新点、市场份额预期以及盈利预测等信息。

③合作提案：用于寻求与其他企业或组织建立合作关系，共同开展某个项目或实现特定目标。合作提案会强调双方的互补优势、合作模式、利益分配方式以及合作可能带来的协同效应等。例如，两家不同领域的公司为了共同开发一款新产品而提出的合作提案，会说明各自在技术、渠道、资源等方面的优势以及合作后的产品推广策略。

(2)按性质分类。

①新产品(服务)提案：当企业开发出全新的产品或服务，需要向市场推广或寻求合作伙伴时，会提交此类提案。它主要围绕新产品或服务的创新性、市场定位、目标客户群体以及推广计划等展开。例如，一家科技公司研发出一款新型智能穿戴设备，向潜在的经销商或零售商提交的提案，就会重点介绍该设备的独特功能、设计理念以及市场推广策略。

②改进型产品(服务)提案：针对现有产品或服务进行改进后提出的提案。这类提案会强调改进的内容、改进后的优势以及对客户价值的提升。例如，一家汽车制造商对其某款车型进行了性能优化和配置升级后，向客户或经销商提交的提案，会详细说明改进之处以及这些改进如何提高车辆的性价比和竞争力。

③问题解决方案提案：这是针对客户或市场存在的特定问题，提供相应解决方案的提案。它通常会先分析问题的现状和影响，然后提出具体的解决方案、实施计划以及预期效果。例如，一家环保科技公司针对企业的污水处理问题，提交的包含污水处理工艺、设备选型以及运营管理方案的提案，就是问题解决方案提案。

(二)商业提案的特点

1. 目标明确

每份商业提案都有清晰的目标，如吸引投资、达成销售、建立合作等。所有内容都围绕如何实现这一目标展开，旨在说服特定对象采取期望的行动。

2. 针对性强

商业提案需要针对特定的客户、合作伙伴或投资者进行定制。充分考虑对方的需求、利益、痛点以及所处市场环境，提供贴合其实际情况的解决方案或合作模式。

3. 内容全面

商业提案通常涵盖多个方面的内容，包括对商业机会的描述、市场分析、产品或服务介绍、营销策略、财务规划、团队介绍等，以全面展示项目或合作的可行性和吸引力。

4. 逻辑性强

商业提案各部分内容之间具有严谨的逻辑关系。从问题的提出、分析到解决方案的阐述，再到预期结果和收益的说明，都要环环相扣，论证合理，使读者能够清晰地理解提案的核心观点和实施路径。

5. 数据支撑

为了增强说服力，商业提案会大量运用数据和事实。例如，市场规模数据、行业增长率、客户调研结果、财务预测数据等，通过客观的数据来证明提案的合理性和可行性。

6. 创新性

在竞争激烈的商业环境中，具有创新性的提案更容易脱颖而出。无论是新的商业模式、产品理念、技术应用，还是营销策略，创新元素能够为提案带来独特的价值，吸引目标对象的关注。

7. 前瞻性

商业提案对市场趋势、行业发展方向有一定的预判和分析，展示项目或合作在未来的发展潜力和可持续性，让受众相信投资或合作具有长期的价值。

8. 简洁清晰

尽管内容涉及较广，但商业提案的表述应简洁清晰，避免复杂冗长的语言和过多的专业术语。要让不同背景的读者都能够轻松理解提案的主要内容和关键信息，提高沟通效率。

9. 具有吸引力

可通过良好的文案撰写、设计排版及演示技巧，使商业提案在形式和内容上都具有吸引力。能够引起读者的兴趣，激发他们进一步了解和参与的欲望。

10. 灵活性

虽然商业提案有一定的结构和框架，但也需要根据不同的对象和情境进行灵活调整。应根据对方的反馈和实际情况，及时对提案内容进行修改和完善，以更好地满足对方需求，提高合作成功的可能性。

二、写作方法

（一）商业提案的结构

一个完整的商业提案通常包括以下几个部分：

1. 封面

(1)项目名称。用简洁有力、精准概括提案核心的语句作为标题，像“新型智能办公系统商业推广提案”，让读者能一眼抓住主题。

(2)提案方信息。清晰列出公司名称、标志、联系方式，塑造专业形象，方便后续沟通对接。

(3)日期。标注提案撰写或提交的时间，便于追溯版本与时效性。

2. 目录

目录部分梳理提案各板块标题，按顺序排列，附上对应页码，使读者能迅速定位所需内容。

3. 执行摘要

(1)项目概述。用1~2段话简述项目背景、核心业务，如“本项目聚焦于研发针对老年群体的智能健康监测可穿戴设备，旨在填补市场空白，提升老年人健康管理水平”。

(2)关键数据与亮点。列举关键财务预测、独特优势，如“预计产品上市首年销售额500万元，产品具备全球领先的精准监测技术”。

(3)预期成果。点明项目短期、长期可达成的目标，如“两年内占领15%的老年可穿戴设备市场份额，成为行业标杆品牌”。

4. 市场分析

(1)行业现状。阐述所属行业发展历程、当下规模，如“近年来，全球在线教育行业规模持续扩张，2024年已突破3000亿美元”。

(2)目标市场细分。按年龄、地域、消费能力等因素细分市场，明确目标群体，比如“主要针对8~18岁青少年，尤其是一二线城市有课外辅导需求的学生家长”。

(3)市场趋势预测。依据行业动态、政策走向等，预测未来2~3年市场走向，例如“随着5G技术的普及，在线教育的互动性将更强，课程多元化成为趋势”。

(4)竞争分析：剖析主要竞争对手产品、价格、市场份额，凸显自身差异化优势，如“竞品A主打低价策略，但课程质量参差不齐，我方凭借专业师资与定制课程脱颖而出”。

5. 产品或服务介绍

(1)详细描述。若为产品，介绍功能、材质、设计；若是服务，阐述流程、内容。如“智能扫地机器人具备深度清洁、路径规划、远程操控等功能，采用高品质耐磨材质”。

(2)独特卖点。突出区别于竞品的优势，如“本服务首创24小时一对一专属客服，确保客户问题即时响应”。

(3)研发或服务升级计划。说明未来产品迭代、服务优化方向，像“明年推出的第二代产品将新增智能避障与语音交互功能”。

6. 营销策略

(1)品牌定位。明确品牌形象、价值主张，如“打造高端、环保、时尚的家居品牌，为消费者提供高品质生活体验”。

(2)定价策略。解释定价依据、价格体系，如“综合成本、竞品价格与市场需求，采用差异化定价，高端产品溢价20%”。

(3)渠道策略。列举线上线下销售渠道，如“线上依托电商平台、官网，线下进驻高端家居卖场”。

(4)促销活动规划。介绍广告投放、促销活动计划，如“新品上市时，线上投放信息流广告，线下开展买一赠一活动”。

7. 运营与管理

(1)运营流程。绘制产品生产、服务交付流程图，展示高效运作模式，如“从原材料采购到产品出厂，历经5道质量检测工序，确保产品合格率超98%”。

(2)团队架构。展示组织架构图，标注各部门职责，如“研发部负责产品迭代创新，市场部主导品牌推广与销售”。

(3)人员配置与培训。说明人员数量、资质要求，以及培训计划，如“招聘10名资深软件工程师，定期开展技术培训与行业交流”。

8. 财务规划

(1)初始投资预算。罗列场地租赁、设备采购、人员招聘等启动资金需求，如“启动资金预计300万元，其中100万元用于场地装修，150万元购置生产设备”。

(2)收入预测。按产品类别、销售渠道预估未来3~5年收入，如“预计第一年产品A销售1万件，收入500万元，逐年递增20%”。

(3)成本分析。拆解固定成本、可变成本，如“固定成本含房租、设备折旧，每年100万元；可变成本为原材料、人力，每件产品50元”。

(4)利润预测。依据收入、成本计算各年度利润，展示盈利前景，如“预计第二年实现盈利，净利润150万元”。

(5)资金使用计划。明确资金在不同阶段的流向，如“前期资金主要用于研发与市场开拓，后期侧重产能扩充”。

9. 风险评估与应对

(1)风险识别。梳理政策变动、技术变革、市场波动等潜在风险，如“政策收紧可能导致原材料成本上升15%”。

(2)应对策略。针对各类风险制定预案，如“与多家供应商建立长期合作，分散原材料供应风险”。

10. 附录

附上合同样本、专利证书、市场调研报告等支撑性文件，增强提案可信度，如《智能健康监测设备专利证书》《老年市场消费习惯调研报告》。

(二)商业提案的写作要求

1. 内容精准翔实

(1)紧扣目标。围绕提案目的，无论是吸引投资、促成销售还是建立合作，内容都要紧扣主题。例如投资提案，财务预测、回报机制等核心内容要重点突出，让投资者快速掌握项目价值。

(2)深度调研支撑。市场分析、竞争态势等板块，必须依托充分的调研数据。如撰写餐饮行业商业提案，要收集当地餐饮市场规模、热门菜系占比、主要竞品经营状况等一手、二手资料，使内容有理有据。

(3)突出独特价值。清晰阐述产品、服务的独特卖点。以共享办公空间提案为例，若有智能化办公设施、专属商务服务团队等特色，要详细说明这些优势如何超越对手、满足客户需求。

2. 结构严谨清晰

(1)遵循通用框架。采用标准结构，从封面、目录、执行摘要，到市场分析、产品介绍、营销策略、财务规划等依次展开，符合受众阅读习惯，方便快速定位关键信息。

(2)逻辑连贯流畅。各部分过渡自然，逻辑层层递进。先通过市场分析揭示机会与问题，顺势引出产品或服务的解决方案，再阐述如何通过营销策略推向市场、财务规划保障运作，环环相扣。

3. 语言专业规范

(1)使用专业术语。在恰当之处运用行业术语，展现专业性，但要确保受众能理解。若面向非专业投资者介绍科技项目，对专业术语要及时解释，如“AI(人工智能)图像识别技术，能快速精准地分析医学影像”。

(2)表述准确无误。数据、事实、概念表述精准，避免模糊词汇。像财务数据精确到具体数值，市场规模给出权威来源的数据区间，增强可信度。

(3)简洁明了。摒弃冗长复杂的语句，用简洁语言传达核心内容。能用短句说清的，不用长句；能用简单词汇，不用生僻词，提高阅读效率。

4. 呈现形式美观

(1)排版合理。合理运用字体、字号、颜色、留白，区分标题、正文、图表。标题突出，正文易读，图表与文字搭配协调，提升视觉舒适度。

(2)图文并茂。适当插入图片、图表、流程图等辅助说明。产品介绍用图片展示外观、功能细节；市场数据用柱状图、折线图呈现趋势，直观易懂，增强表现力。

5. 贴合受众需求

(1)换位思考。站在受众角度撰写，了解其痛点、期望、关注点。给客户提案，围绕解决客户问题、创造价值展开；向投资者提案，着重突出回报与风险控制。

(2)针对性定制。根据受众特点调整内容深度、风格。面向行业资深人士，内容可深入专业；面向普通客户，应做到语言通俗、案例贴近生活，提升提案的吸引力与说服力。

三、案例分析

(一)提案概述

“智家精灵”旨在为城市中高端家庭提供一站式智能家居集成服务。通过整合各类智能家电、安防、照明等设备，打造便捷、舒适、节能且安全的家居环境。提案方为一支由计算机科学、电子工程和市场营销专业的大学生组成的创业团队，希望通过该项目切入快速增长的智能家居市场。(提案原文略)

(二)提案内容分析

1. 项目概述清晰

提案明确指出项目名称是“智家精灵”，核心创意在于一站式集成服务，目标是服务城市中高端家庭，定位精准。例如，精准指出为改善用户家居生活体验，提供从方案设计到设备安装、售后维护的全套服务，让用户无须分别对接不同品牌与商家，解决智能家居产品整合难题。

2. 市场分析全面

提案详细调研了目标市场，锁定 25～45 岁、居住在城市新建小区或高档住宅、家庭月收入较高且对生活品质有追求的人群为潜在客户。通过分析消费者对家居便捷性、安全性、节能性的需求增长趋势，结合智能家居市场渗透率不断提升的数据，有力论证了项目的市场潜力。如列举当地新建高档小区智能化改造需求比例逐年上升的数据，说明潜在市场规模庞大。

3. 产品或服务详细

提案详细介绍了服务内容，涵盖前期免费上门勘测、个性化方案定制，依据房屋户型、用户生活习惯搭配智能设备；中期专业团队安装调试，确保设备稳定运行；后期提供长期售后维护，包括故障维修、系统升级等。另外，提及为用户设置一键场景模式，可根据不同时段、需求自动调节灯光、温度等设备，突出服务特色。

4. 运营计划可行

该项目的运营采用线上线下相结合的模式，线上搭建官网与电商平台推广服务、接收订单，线下开设体验店供客户直观感受。团队成员专业互补，涵盖技术、营销、管理等方面人才。所需求的资金明确用于设备采购、门店租赁、人员培训等，预期收益通过详细成本与收益预测，展示了项目盈利能力，如预计首年服务 100 户家庭，实现盈利 50 万元。

5. 风险评估与应对合理

提案列举了项目存在的识别技术集成风险、市场竞争风险、资金周转风险等。针对技术集成，组建专业技术团队、与设备供应商紧密合作；面对竞争，强调服务差异化；对于资金，制订合理预算与融资计划，确保风险可控。

6. 社会价值阐述充分

阐述了项目推动智能家居普及、助力节能减排、提升居民生活品质、为社会创造就业岗位等积极影响，展现出项目的社会责任感。

(三)优点总结

1. 定位精准

目标市场与客户定位清晰，满足特定人群的需求，有利于精准营销与服务提供。

2. 内容翔实

各板块内容丰富，数据支撑有力，计划切实可行，展现了项目的成熟度。

3. 创新性突出

项目的一站式集成服务模式能解决市场痛点，在竞争中脱颖而出。

（四）不足分析

1. 品牌建设规划缺失

未提及如何打造“智家精灵”品牌，在品牌推广、形象塑造等方面缺乏策略。

2. 服务标准化程度不明

提案虽介绍了服务内容，但未说明服务流程、质量控制等方面标准，可能影响服务稳定性。

（五）改进建议

1. 完善品牌建设

制定品牌推广计划，包括线上线下宣传渠道、品牌故事打造等，提升品牌知名度与美誉度。

2. 明确服务标准

建立服务流程标准、人员培训标准、售后服务响应时间标准等，确保服务质量稳定。

随堂练习

【背景材料】在知识经济时代，书籍在大学生学习生活中至关重要。然而，高校招生规模扩大与教材更新加快，导致校园旧书浪费严重。学生购书费用高，用过的教材常被闲置或低价处理。同时，环保与可持续发展理念在校园逐渐深入人心。在此背景下，“智享书海”校园旧书循环共享平台项目诞生，旨在搭建旧书循环利用的桥梁，实现资源高效配置，助力校园绿色文化建设。

【写作要求】请根据上述背景材料，撰写一份“智享书海”校园旧书循环共享平台的商业提案。提案应包括项目概述、市场分析、产品或服务、运营计划、风险评估与应对、社会价值这几个部分，字数不少于1500字。

第二节　写作任务：撰写商务会议纪要

情境导入

在一家大型企业，市场部与研发部就产品改版召开跨部门会议，现场气氛紧张。研发主管称市场部的改版需求在现有技术框架下难以实现，会耗费大量人力、时间且影响产品稳定性；市场专员反驳研发功能不符客户需求，不按客户需求改版难以吸引用户、提升市场份额。双方僵持不下，这让负责会议纪要的小王犯了难。他深知纪要应准确记录，可双方的激烈态度让他不知如何下笔。本章将通过实际案例，介绍撰写商务会议纪要的规范步骤、实用技巧，明确对不同事项的表述原则，提升准确性与可执行性，助力跨越理论与实践的鸿沟，撰写规范、高质量的商务会议纪要。

一、理论讲解

（一）商务会议纪要的含义及分类

1. 含义

商务会议纪要是在商务会议过程中，由专门的记录人员对会议的基本情况、讨论的问题、达成的决议、布置的任务等进行如实记录和整理而形成的一种书面文件。

2. 分类

(1)公司例会纪要。例会是公司定期召开的会议，如周会、月会、季度会议等。对这类会议，主要记录公司日常运营中的工作进展、问题汇报、决策安排等内容，用于公司内部信息流通和工作协调。

(2)专题研讨会纪要。专题研讨会是针对特定的业务专题或项目进行深入讨论的会议，例如新产品研发研讨会、市场推广方案研讨会等。对这类会议，重点在于记录专家和参会人员的意见、建议，以及对专题内容的分析和决策。

(3)商务洽谈会议纪要。这是在与合作伙伴、客户或供应商进行商务合作洽谈时形成的纪要。它主要记录双方讨论的合作条款、合作意向、争议点以及达成的共识等，是后续签订合同或进一步合作的重要参考依据。

(4)董事会会议纪要。董事会成员召开的会议纪要，主要涉及公司战略决策、重大投资、高管任免等重要事项，对公司的发展方向具有决定性作用，通常具有较高的保密性和权威性。

（二）商务会议纪要的特点

1. 纪实性

商务会议纪要必须如实反映会议的内容和进程，准确记录会议的讨论情况、决策结果、重要观点等，不能随意篡改或歪曲会议事实，要保持原始会议信息的真实性和完整性。

2. 概括性

会议纪要不是对会议内容的逐字逐句记录，而是在忠实于会议实际的基础上，对会议的主要内容、重要事项进行归纳整理和概括提炼，突出会议的核心要点和关键信息，去除无关紧要的细节和冗长的表述，使读者能够快速了解会议的大致情况和重点内容。

3. 条理性

商务会议纪要通常会按照一定的逻辑顺序和结构进行组织和编写，将会议的各项内容进行分类梳理，比如按照会议议程的先后顺序、问题的不同方面或决策的不同层次等进行排列，使纪要内容层次分明、条理清晰，便于阅读和理解。

4. 准确性

在语言表达上，商务会议纪要要求准确无误，用词恰当、严谨，避免使用模糊不清、容易产生歧义的词语。对于会议中涉及的重要数据、事实、结论等信息，必须确保准确无误，以保证纪要的权威性和可信度。

5. 时效性

商务会议纪要需要及时撰写和发布，以便相关人员能够在第一时间了解会议的情况和决策结果，及时开展后续工作。如果会议纪要的撰写和传达不及时，可能会导致信息延误，影响工作的正常推进和决策的有效执行。

6. 约束性

商务会议纪要一经确定，对与会人员和相关部门具有一定的约束作用。它记录了会议达成的共识和决策，明确了各项工作的责任人和时间节点等，相关人员需要按照纪要的要求履行职责，落实会议决策，确保工作任务的顺利完成。

二、写作方法

商务会议纪要的写作需把握结构与内容要点，按步骤推进。

(一)前期准备

(1)认真参会。撰写人对会议应保持全程专注，记录关键信息，包括会议主题、目的、议程、重要观点、讨论过程与结果。

(2)收集资料。应索要会议相关文件、报告、演示文稿，为纪要提供全面准确的信息支撑，从而更好地理解会议背景与讨论依据。

(二)写作流程

1. 标题拟定

(1)常规型。由会议名称和文种构成，如“[公司名称]月度销售会议纪要”“[项目名称]进度研讨会议纪要”，简洁明了，让读者快速知晓会议主题。

(2)概括型。提炼会议核心内容作为标题，如“聚焦创新：新产品研发策略会议纪要”“降本增效举措商讨会议纪要”，突出重点，吸引读者关注关键信息。

2. 开篇介绍

(1)会议基本信息。写明会议时间、地点、主持人、参会人员等内容。如：“时间：2024 年 10 月 15 日上午 9：00—11：00。地点：公司总部 20 层会议室。主持人：销售部经理[姓名]。参会人员：各部门负责人及相关业务骨干。”

(2)会议主旨。简要阐述会议召开的目的，如“本次会议旨在总结上季度销售业绩，分析市场动态，制定下一季度的销售策略”。

3. 主体阐述

(1)内容分类呈现。按会议议程或讨论内容板块划分，如先呈现销售业绩总结板块，再是市场分析板块，后为销售策略制定板块。各板块以小标题区分，使结构清晰。

(2)记录讨论情况。概括各方发言要点，如“市场部[姓名]指出，当前竞争对手推出类似产品，对我们市场份额造成冲击，建议加强品牌推广，突出产品差异化优势”。

(3)明确决策结果。对会议决策清晰记录，如：“经讨论，会议决定下季度增加15%市场推广预算，重点投放于线上社交媒体平台和行业垂直网站；新产品研发周期缩短至6个月，研发部门需优化流程，确保按时完成。”若存在未决事项，也应如实说明，如：“关于新市场开拓区域选择，因数据不充分，待市场调研部门补充资料后，下次会议讨论。”

4. 结尾部分

(1)总结强调。简要总结会议重要成果与意义，如：“本次会议明确了下季度工作方向，通过销售策略调整与资源合理配置，有望提升公司市场竞争力，实现业绩增长目标。”

(2)补充说明。可添加会议要求的后续跟进事项、提交报告的时间节点等，如“各部门应在10月31日前提交本季度工作总结与下季度工作计划；销售部应每周一汇报销售策略执行进度”。

(3)后期完善。

①审核校对。检查内容准确性、完整性，查看语句是否通顺、有无错别字、数据是否正确、决策表述是否清晰等，确保纪要质量。

②征求意见。将初稿送主要参会者或相关部门审阅，收集意见建议，根据反馈修改完善，使纪要更符合会议实际与各方需求。

三、案例分析

(一)例文点评

[公司名称]项目推进会议纪要

时间：2024年6月15日

地点：公司会议室

参会人员：项目组全体成员

会议内容：

大家就目前项目进展情况进行了讨论。技术部门说遇到了一些技术难题，正在努力解决。市场部门表示市场推广效果不太理想，需要调整策略。财务部门汇报了项目预算情况，目前资金还算充足。项目负责人要求各部门加快工作进度，争取按时完成项目。

【点评】

优点：

(1)基本信息完整。明确记录了会议的时间、地点和参会人员，让读者能快速了解会议的基础背景。

(2)内容有概括。简要提及各部门的工作情况汇报和项目负责人的要求，对会议主要内容进行了一定程度的总结。

缺点：

(1)表述模糊。技术部门遇到的技术难题未具体说明，市场部门推广效果不理想的具体数据和表现未提及，导致信息不明确，难以针对性地采取措施。

(2)缺乏条理。各部门汇报内容没有清晰区分，整体显得较为混乱，读者难以快速定位各部门的关键信息。

(3)未突出重点。对于项目推进过程中的重点问题，如技术难题对项目进度的影响程度、市场推广策略调整的方向等，没有突出体现。

(4)决策不明确。项目负责人要求加快工作进度，但没有明确具体的时间节点和考核标准，缺乏可操作性。

(二)例文修改

[公司名称]项目推进会议纪要

一、会议基本信息

时间：2024年6月15日

地点：公司会议室

参会人员：项目组全体成员

二、会议内容

1. 技术部门汇报

技术部门负责人[姓名]指出，目前项目在软件编程环节遇到技术难题，主要表现为[具体技术问题，如数据传输接口不兼容，导致数据丢失率高达15%]。技术团队正在日夜攻关，预计在[具体时间，如6月20日]前提出初步解决方案，可能需要额外调配[具体资源，如2名资深程序员]协助。

2. 市场部门汇报

市场部门[姓名]汇报，当前市场推广效果未达预期。根据最新数据，产品曝光量较上月虽提升10%，但实际转化率仅为3%，远低于目标转化率8%。经分析，主要原因是推广渠道过于单一，集中在传统媒体。后续计划增加线上社交媒体平台推广，如在[具体平台，如抖音、小红书]开展系列推广活动，预计投入[具体金额，如5万元]推广预算，从下周开始执行。

3. 财务部门汇报

财务部门[姓名]表示，截至目前，项目预算执行情况良好，资金剩余[具体金额，如30万元]，占总预算的30%。但需注意后续可能因技术难题解决和市场推广策略调整产生额外费用。

4. 项目负责人指示

项目负责人[姓名]强调，各部门需全力保障项目按时推进。技术部门务必在6月20日前给出可行解决方案，若需资源调配，立即提交申请；市场部门新推广策略需在下周内启动，并每周汇报推广效果；整体项目完成时间节点仍为原定的8月31日，各部门工作成果将纳入季度绩效考核，完成出色的部门给予奖励，未按时完成任务的部门需说明原因并承担相应责任。

三、会议总结

本次会议对项目推进过程中的技术、市场和财务问题进行了全面梳理，明确了各部门后续工作方向和重点，各部门需紧密协作，确保项目按计划完成。

随堂练习

请根据以下会议信息，撰写一份商务会议纪要。

会议主题：新产品上市筹备会议

会议时间：2024年11月10日

会议地点：公司总部3楼会议室

参会人员：销售部、市场部、研发部、财务部负责人及相关人员

会议内容：

研发部称新产品已完成研发，但在小范围测试中发现产品外观存在易刮花问题，正在改进，预计11月20日前可解决。

市场部汇报市场调研结果，目标客户对产品功能接受度高，但对价格较为敏感。建议定价在×元，比原计划低10%，并制定详细上市推广方案，包含线上线下活动，推广预算为50万元。

销售部担心低价影响利润，认为应加强销售培训，提高销售人员销售技巧，挖掘潜在客户。预计首批订单量可达×件。

财务部表示目前资金可支持推广预算，但需严格控制成本。

会议最终决定，产品定价按市场部建议执行，研发部按时解决外观问题，市场部在11月15日前提交推广方案，销售部同步开展销售培训工作。

第三节　沟通任务：进行商务谈判对话

情境导入

假设你是一家科技公司的销售代表，公司研发了一款新型办公软件，功能强大且具有创新性。你正与一家大型企业的采购负责人进行商务谈判，对方有意采购这款软件用于企业内部办公，但在价格、售后服务以及合作期限等方面存在诸多疑

虑，希望通过谈判达成一个双方都能接受的合作方案。在这样的情境下，如何运用有效的沟通技巧促成合作，便是我们需要探讨的关键。本章将深入探讨商务谈判的要素、原则和沟通技巧，助力你在与大型企业采购负责人的谈判中占据主动，促成合作。

一、理论讲解

(一)商务谈判的含义与要素

1. 含义

商务谈判是买卖双方为了促成交易或解决争议，就各项交易条件进行协商的过程。其目标并非单纯追求自身利益最大化，而是寻求双方利益的平衡点，达成互利共赢的协议，建立长期稳定的合作关系。例如，在软件采购谈判中，销售方希望以合理价格出售软件获取利润，采购方则期望以合适成本获得优质软件及服务，满足企业办公需求，双方通过谈判协调利益诉求。

2. 要素

(1)谈判主体：参与谈判的双方或多方。在上述例子中，科技公司销售代表和大型企业采购负责人就是谈判主体，他们代表各自组织的利益参与谈判。

(2)谈判客体：谈判的议题和内容。如软件价格、售后服务条款、合作期限等，这些是双方需要协商确定的关键内容。

(3)谈判环境：谈判场所的布置、氛围，以及外部市场环境、行业动态等。舒适、友好的谈判环境有助于双方更好地沟通，而有利的市场环境可能增强某一方的谈判底气。

(二)商务谈判的原则

1. 平等互利原则

双方在谈判中地位平等，都有表达和争取自身利益的权利，且最终协议应使双方都能获得实际利益。例如，软件销售方不能凭借产品优势过度抬高价格，采购方也不能一味压低价格，损害销售方的合理利润。

2. 诚实守信原则

谈判过程中提供的信息必须真实可靠，承诺要切实履行。若销售方夸大软件功能，后续无法兑现，将破坏合作关系。

3. 求同存异原则

双方应关注共同利益，对于分歧点，寻求折中的解决方案。比如在合作期限上，若销售方希望长期合作，采购方担心风险，倾向于短期合作，可协商一个适中且有弹性的合作期限。

二、沟通方法

（一）倾听技巧

1. 专注表达

谈判时，身体前倾，保持眼神交流，适当点头，向对方表明你在认真倾听。例如，采购负责人阐述对软件价格的担忧时，销售代表专注倾听，通过肢体语言给予回应。

2. 理解意图

谈判时不仅要听对方话语表面的意思，还要理解背后的需求和关注点。采购方提及价格高，可能是预算有限，也可能认为软件价值与价格不匹配，销售代表应准确把握。

3. 不随意打断

在对方发言未结束时，不要贸然打断，以免影响对方思路和谈判氛围。

（二）表达技巧

1. 清晰简洁

表达观点时，语言应简洁明了，避免冗长复杂的表述。销售代表介绍软件功能时，应突出核心优势，如“这款软件具备智能文档处理功能，能将文档处理效率提高30%”。

2. 有理有据

为自己的立场提供数据、案例等支持。谈及软件价格合理时，可举例其他类似规模企业的采购价格，或软件为企业带来的成本节约数据。

3. 委婉措辞

在表达不同意见时，注意措辞委婉，避免直接冲突。如不同意采购方过低的价格要求，可表述为：“我们理解您对成本的关注，但目前这个价格与软件的研发投入、功能价值以及市场行情不太相符，我们能否共同探讨一个更合适的价格区间？”

（三）提问技巧

1. 开放式提问

通过提出开放性问题，鼓励对方自由表达观点和想法，从而获取更全面、丰富的信息。如：“您对我们软件的售后服务有哪些具体期望？”

2. 封闭式提问

封闭式提问旨在快速确认关键信息，让对方在有限的选项中作出明确答复。如：“您是否同意在合作初期先进行一个月的试用？”

3. 引导式提问

用引导式提问引导对方的思维方向，使其朝着有利于己方的方向思考，进而为达成合作创造条件。如：“如果我们为您提供定制化培训服务，是否能更好地满足贵企业员工对软件的使用需求？”

三、案例分析

甲公司是一家知名服装制造商，乙公司是一家大型服装销售连锁企业。乙公司希望采购甲公司当季新款服装，用于旗下门店销售，双方就采购价格、交货时间、退换货政策等展开谈判。以下是谈判过程：

(1)开场阶段。

双方介绍参会人员，营造轻松氛围。乙公司采购经理先表达对甲公司新款服装设计的欣赏，同时暗示市场竞争激烈，对价格较为敏感。甲公司销售经理回应称产品质量上乘、设计独特，具有市场竞争力，为后续价格谈判铺垫。

(2)讨价还价阶段。

乙公司提出希望采购价格在甲公司报价基础上下调20%，理由是采购数量大且可长期合作。甲公司销售经理表示降价幅度太大，难以承受，详细介绍了服装的原材料成本、制作工艺等导致成本较高。随后通过提问了解到乙公司担心库存积压，于是提出可在交货时间上灵活调整，根据乙公司门店销售情况分批次交货，降低库存风险。同时，在退换货政策上，适当放宽条件，如将原本10%的退换货比例提高到15%，但价格仅能下调10%。

(3)成交阶段。

乙公司权衡后，认为甲公司的方案在一定程度上满足了自身需求，双方就价格、交货时间、退换货政策等达成一致，签订合作协议。

【点评】

优点：

双方都善于倾听，能理解对方的核心诉求。甲公司针对乙公司对库存和退换货问题的担忧，提出了有效的解决方案，同时坚守价格底线，通过灵活调整其他条款促成交易。

可改进之处：

(1)加强合作基础方面。

在开场阶段，双方虽进行了简单的人员介绍与氛围营造，但对于市场趋势和合作愿景的探讨略显不足。可安排专门时间，深入分析服装市场的当前趋势，如流行元素变化、消费者购买偏好转移以及线上线下销售渠道的发展态势等。

同时，双方应更深入地交流合作愿景。乙公司可详细说明其未来在拓展市场份额、提升品牌形象方面的规划，以及期望甲公司的服装在其中扮演何种角色；甲公司则可分享自身的品牌发展战略，以及与乙公司合作对实现这一战略的重要意义。通过这种深度交流，双方能找到更多的利益契合点，为合作奠定更坚实的基础。

(2)增强价格谈判的说服力方面。

在价格谈判过程中，甲公司仅从自身成本角度解释价格难以大幅下调，说服力稍显不足。甲公司可收集并整理更多行业数据进行对比，如提供同类型服装制造商针对类似款式、质量产品的价格区间，分析自身产品在原材料选用、制作工艺、设计创新等方面的优势，说明价格定位的合理性。乙公司在提出降价 20%的要求时，也可提供相关数据支持。比如，分析过往采购类似产品的价格走势，结合当前市场竞争态势，说明降价需求的合理性。

通过双方提供翔实的行业数据对比，使价格谈判更具科学性和说服力，减少分歧，提高谈判效率。

随堂练习

请根据以下情境编写一段商务谈判对话。要求对话包含倾听、表达和提问技巧，不少于 500 字。

你是一家办公用品供应商的业务代表，与一家新成立的创业公司进行谈判。该创业公司需要采购一批办公桌椅、电脑等办公用品，他们预算有限，但对产品质量和售后服务有较高要求。在谈判中，你要介绍产品优势，回应对方价格和服务方面的疑问，争取达成合作。

第四节　沟通任务：运用推介口才技巧

情境导入

想象你是一家新兴科技公司的销售精英，公司耗时数年研发出一款创新型家用空气净化器。这款净化器不仅采用了先进的纳米过滤技术，能高效去除空气中99%以上的 $PM_{2.5}$、甲醛、细菌、病毒等污染物，而且具备智能互联功能，可通过手机 App 远程操控，实时监测室内空气质量并自动调节净化模式。现在，你受邀参加一场大型家居用品展销会，众多潜在客户，包括家居零售商、房地产开发商以及注重生活品质的消费者，都对你的产品表现出了浓厚兴趣。然而，现场竞争激烈，各类空气净化器产品琳琅满目。本章将深入探讨产品推介的要素、原则和沟通技巧，帮助你在复杂的展销会环境中脱颖而出，成功向不同类型的潜在客户推介产品，达成合作意向。

一、理论讲解

（一）产品推介的定义与目标

产品推介是向目标受众介绍产品或服务的特性、优势和价值，以激发他们的购买兴趣或合作意愿的过程。其核心目标并非仅仅是传递产品信息，更重要的是在客户心中建立产品与他们需求之间的紧密联系，让客户认识到该产品能切实解决他们的问题或提升生活、工作质量，从而推动销售转化或达成合作。例如，对于上述空气净化器，产品推介的目标就是让家居零售商看到其市场潜力，愿意进货销售；让消费者觉得购买后能显著改善家庭空气质量，保障家人健康；让房产开发商觉得其配备在楼盘中，既能提升楼盘的品质，又能满足购房者对健康居住环境的追求。

(二)产品推介的关键要素

1. 产品知识

推介者必须对产品有深入透彻的了解，包括产品的功能、特性、材质、生产工艺、使用方法、维护保养等各个方面。只有这样，才能在面对客户提问时给出专业、准确的解答，增强客户对产品的信任。例如销售空气净化器，要熟知纳米过滤技术的原理、智能互联功能的实现方式、不同净化模式的适用场景等。

2. 目标受众

明确产品所针对的目标客户群体，了解他们的需求、痛点、消费习惯、购买能力等。针对不同的受众，产品推介的侧重点和方式会有所不同。还是以空气净化器为例子，家居零售商关注产品的利润空间、市场需求和品牌影响力；房产开发商看重产品与楼盘定位的契合度、批量采购价格和售后服务；消费者更关心产品能否有效改善空气质量、使用是否便捷，以及价格是否合理。

3. 价值主张

清晰阐述产品能为客户创造的独特价值，这是产品推介的核心。价值主张不仅仅是产品的优势罗列，更是要让客户明白这些优势如何转化为对他们有实际意义的利益。对于空气净化器，其价值主张可能是为家庭提供全方位的健康守护，降低患病风险；帮助家居零售商提升店铺形象，增加销售额；协助房产开发商打造绿色环保楼盘，吸引更多购房者。

二、沟通方法

(一)吸引注意的技巧

1. 制造悬念

在开场时提出一个引人深思的问题或制造一个悬念，迅速抓住客户的注意力。比如："您知道室内空气污染对家人健康的危害比室外空气污染还要严重 3 倍吗？我们的这款空气净化器，正是解决这一难题的关键。"

2. 使用震撼数据

用直观的数据来展示产品的性能或效果，让客户产生强烈的印象。例如："这款空气净化器能够在 30 分钟内将 100 平方米房间的 $PM_{2.5}$ 浓度从严重超标降低至国家标准以下，为您和家人打造一个清新健康的呼吸环境。"

3. 讲述故事

通过讲述一个与产品相关的真实故事，引发客户的情感共鸣。比如："在北方一座常受雾霾困扰的小城，王大爷患有慢性支气管炎，每到雾霾天就咳嗽不止。他儿子小王心疼父亲，经朋友介绍，购买了我们的空气净化器。使用一段时间后，王大爷咳嗽次数明显减少，呼吸顺畅多了。小王认为这款空气净化器真真切切地提升了父亲的生活质量。"

(二)信息传递技巧

1. FABE 法则

FABE 法则即特点(Feature)、优势(Advantage)、利益(Benefit)和证据(Evidence)。先介绍产品的特点，如"我们的空气净化器采用了纳米过滤技术"；再阐述其优势，如"这种技术能够更精准、高效地过滤微小颗粒污染物"；接着说明能给客户带来的利益，"为您和家人提供更洁净的空气，有效预防呼吸道疾病"；最后提供证据，"经过专业权威机构检测，净化效率高达 99%以上"。

2. 对比演示

将自己的产品与竞争对手的产品进行对比演示，直观地展示自身产品优势。例如，找到两个环境条件差不多的房间，分别放入自家品牌的空气净化器与另一品牌的空气净化器，并同时开启。在相同时间内，利用空气质量检测仪实时监测并显示数据。

3. 可视化呈现

利用图片、视频、图表等可视化工具辅助介绍产品，让信息更易于理解和接受。可以展示空气净化器内部结构的图片，讲解其工作原理；播放产品使用过程的视频，展示其操作便捷性；用图表呈现产品在不同环境下的净化效果数据。

(三)互动引导技巧

1. 提问引导

通过提问了解客户的需求和关注点，然后有针对性地进行产品推介。例如："您在选择空气净化器时，最看重的是净化效果、价格还是其他方面呢?"根据客户的回答，重点介绍产品在相应方面的优势。

2. 鼓励体验

邀请客户亲自体验产品，让他们亲身感受产品的魅力。在展销会上，设置产品体验区，让客户现场操作空气净化器，感受净化后的清新空气，了解智能 App 的便捷操作。

3. 引导反馈

在推介过程中，及时引导客户反馈意见和疑问，积极回应并解决，增强客户的参与感和信任度。比如："您对我刚才介绍的这款空气净化器有什么疑问或者建议吗?"

三、案例分析

（一）案例点评

一家专注于运动装备的公司推出了一款新型智能运动手环，具备精准的运动数据监测、健康管理、超长续航以及时尚外观等特点。公司销售团队参加了一场运动用品展会，向潜在客户进行产品推介。推介过程如下：

(1)开场吸引。销售代表在展位前设置了一个大屏幕，播放了一段运动员在激烈比赛中通过手环精准监测运动数据，最终突破自我取得优异成绩的视频，吸引了众多参观者的目光。同时，销售代表大声说道："您想在运动中时刻掌握自己的身体状况，突破运动极限吗？我们这款全新的智能运动手环，将成为您运动的最佳伙伴！"

(2)信息传递。运用 FABE 法则，销售代表介绍道："这款手环采用了最新的传感器技术(特点)，能够极其精准地监测您的运动步数、心率、卡路里消耗等数据(优势)，让您对自己的运动状态了如指掌，科学合理地制定运动计划，避免运动损伤(利益)。而且，经过专业运动机构的测试，其数据准确性高达98%以上(证据)。另外，它拥有时尚的外观设计，多种表带可供选择，不仅是运动装备，更是时尚配饰。在续航方面，一次充电可使用长达 30 天，完全不用担心电量问题，让您的运动不受限制。"其间，还通过对比演示，将自家手环与其他品牌手环放在一起，展示在相同运动场景下，自家手环数据监测的精准度和稳定性。

(3)互动引导。销售代表主动询问参观者："您平时主要进行哪种运动呢？跑步、球类运动还是其他？"根据参观者回答，详细介绍手环针对该运动的专属功能。同时，邀请参观者现场试戴手环，体验其佩戴舒适度和操作便捷性，并引导他们提出意见和疑问。对于一位担心手环防水性能的参观者，销售代表现场将手环放入水中浸泡一段时间后取出，展示其正常运行，消除了参观者的顾虑。

【点评】

优点：

(1)开场有力。通过播放运动员借助手环突破极限的视频，配合富有感染力的话语，成功吸引了潜在客户的注意力，迅速营造出产品与运动成就紧密相关的氛围。

(2)信息传递全面且逻辑清晰。熟练运用 FABE 法则，对产品特点、优势、利益和证据进行了系统阐述，使客户能够全面了解产品价值。同时，对比演示直观地展示了产品在数据监测精准度和稳定性方面的优势，增强了说服力。

(3)互动引导丰富。主动提问了解客户运动类型，针对性介绍专属功能，增强了推介的个性化。邀请客户试戴以及现场展示防水性能，让客户亲身感受产品特性，有效地解决了客户的疑虑，提升了客户的参与度和信任度。

缺点：

(1)客户痛点挖掘不深入。在产品推介过程中，虽对产品优点着墨较多，但未能精准捕捉客户在运动过程中的关键痛点。比如，客户常面临运动数据繁杂、难以有效分析的困扰；或是在运动时因缺乏科学指导，难以实时把控运动强度，进而增加运动损伤的潜在风险。然而，此次推介并未深入剖析这些痛点，也未详细阐述产品如何解决它们。

(2)缺乏情感共鸣深化。讲述运动员故事仅作为开场吸引，在后续推介中没有进一步深化这种情感共鸣，没有引导客户想象自己使用手环后在运动、健康状况方面提升的情景，难以让客户从内心深处产生强烈的购买欲望。

(3)价格提及缺失。在产品推介中，完全没有提及价格相关信息，而价格往往是客户购买决策中的重要因素之一。这可能导致客户在产生兴趣后，因对价格不确定而犹豫，影响销售转化。

(二)案例修改

修改后的产品推介过程如下：

(1)开场吸引。销售代表在展位前设置一个大屏幕，播放一段运动员在激烈比赛中通过手环精准监测运动数据，最终突破自我取得优异成绩的视频。当参观者被吸引驻足时，销售代表主动上前，以关切的语气说道："您在平时运动的时候，是不是总担心自己运动过度或者运动方法不对，不仅没达到效果，还容易受伤？其实很多运动爱好者都有这样的困扰。我们这款全新的智能运动手环，就是为解决这些问题而生的，它能成为您运动路上最贴心的伙伴！"

(2)信息传递。销售代表继续说道："这款手环采用了最新的传感器技术(特点)，能够极其精准地监测您的运动步数、心率、卡路里消耗等数据(优势)。您想想，以往您运动后可能只知道自己跑了多远、出了多少汗，但对身体内部的变化一无所知。有了这个手环，您能实时了解自己的心率变化，一旦心率过高，它会及时提醒您调整运动强度，避免运动损伤(利益)。而且，经过专业运动机构的测试，其数据准确性高达98%以上(证据)。另外，它拥有时尚的外观设计，多种表带可供选择，不仅是运动装备，更是时尚配饰。在续航方面，一次充电可使用长达30天，完全不用担心电量问题，让您的运动不受限制。"此时，销售代表将自家手环与其他品牌手环放在一起，同时开启，展示在相同运动场景模拟下，自家手环数据更新更及时、更精准，且在复杂环境下数据依然稳定。

(3)互动引导。销售代表主动询问参观者："您平时主要进行哪种运动呢？跑步、球类还是其他？像很多跑步爱好者，特别关注跑步姿势对膝盖的影响，我们这款手环通过独特算法，能根据您的运动数据评估您的跑步姿势是否正确，并给出改善建议。"接着，邀请参观者现场试戴手环，体验其佩戴舒适度和操作便捷性，并引导他们提出意见和疑问。对于一位担心手环防水性能的参观者，销售代表现场将手环放入水中浸泡一段时间后取出，展示其正常运行，消除了参观者的顾虑。之后，销售代表自然地提及价格："这款功能如此强大的手环，价格其实非常合理。相比市面上功能类似的产品，我们在保证品质的同时，为大家提供了更具性价比的选择。而且，现在展会期间还有特别优惠活动，如果您现场下单，我们还会赠送一套专业运动护具，帮助您更好地享受运动。"

（4）情感共鸣深化。销售代表看着试戴手环的参观者，微笑着说："想象一下，下次您去跑步或者健身的时候，戴上这个手环，它就像您的私人教练一样，时刻陪伴着您。每一次运动，您都能更科学地进行，看到自己的进步，离自己的运动目标越来越近。无论是想要减肥塑形，还是提升运动成绩，它都能助力您实现梦想！"

这一产品推介过程不仅深入挖掘了客户痛点，加强了情感共鸣，还合理提及价格和优惠活动，更能促进销售转化。

随堂练习

【背景材料】你是一家新兴美妆公司的销售代表，公司新推出一款植物精华粉底液。现在，你需要向一位路过的年轻女性顾客推介这款产品。这位顾客平时注重肌肤保养，追求自然妆容，然而一直苦恼于市面上的粉底液，要么遮瑕力不足，要么容易闷痘、脱妆。

【写作要求】请撰写一段产品推介内容，至少用 2 种前面提到的沟通方法，针对顾客的痛点进行有针对性的介绍。字数不少于 300 字。

项目八 完成学术研究

第一节　写作任务：撰写毕业论文开题报告

情境导入

“你这次提交的毕业论文开题报告，研究方向有些模糊，研究方法也缺乏创新性，这样可不行啊。”导师严肃的话语，让小张瞬间意识到，撰写一份高质量的毕业论文开题报告，远非想象中那么简单。毕业论文开题报告是科研工作的起点，是课题研究的重要依据。如何才能写出一份逻辑清晰、内容充实、方法可行的开题报告呢？

一、理论讲解

(一)毕业论文开题报告的含义及分类

毕业论文开题报告是指在毕业论文课题研究正式开始之前，对毕业论文选题的研究背景、研究内容、研究方法、研究计划等进行详细说明的书面材料。根据研究领域的不同，可分为自然科学课题开题报告、社会科学课题开题报告和人文科学课题开题报告。

(二)毕业论文开题报告的特点

1. 科学性

开题报告的内容必须严格遵循科学原理，所采用的研究方法需具备科学性与合理性。

2. 创新性

课题研究要有新意，致力于解决实际存在的问题，或填补特定领域的研究空白。创新性可以体现在研究视角的独特、研究方法的改进，或是对现有理论的拓展与深化等方面。

3. 可行性

课题研究应具备切实的可行性，从研究方案的设计到具体实施步骤，都应充分考量时间、资源、技术等现实条件的限制。

4. 规范性

开题报告的格式要规范，语言要准确、简洁、明了。

二、写作方法

(一)毕业论文开题报告的结构

1. 标题

简明扼要，点明课题名称，例如《基于深度学习的图像识别算法研究》。

2. 摘要

简要概括课题的研究背景、研究内容、研究方法、研究意义等。

3. 关键词

列出 3~5 个关键词，便于检索和分类。

4. 正文

(1)研究背景：阐述课题的研究背景、研究意义和研究现状。

(2)研究内容：明确课题的研究对象、研究目标和研究内容。

(3)研究方法：说明课题的研究思路、研究方法和技术路线。

(4)研究计划：制定课题的研究进度安排和预期成果。

(5)参考文献：列出课题研究过程中参考的文献资料。

5. 附录

包括相关数据、图表、代码等。

(二)毕业论文开题报告的写作要求

1. 内容充实

课题开题报告的内容要真实准确，数据翔实，分析透彻，建议可行。

2. 逻辑清晰

结构要清晰合理，层次要分明，便于阅读和理解。

3. 语言得体

使用规范的语言，避免使用口语化、情绪化的词语。

4. 重点突出

语言要简洁明了，重点突出，避免冗长拖沓。

三、案例分析

（一）例文点评

基于深度学习的图像识别算法研究

摘要：本文研究了基于深度学习的图像识别算法，主要包括卷积神经网络、循环神经网络和生成对抗网络等。

关键词：深度学习；图像识别；卷积神经网络；循环神经网络；生成对抗网络

1. 研究背景

随着计算机技术的不断发展，图像识别技术得到了广泛的应用。

2. 研究内容

本文的研究内容主要包括：

（1）卷积神经网络。

（2）循环神经网络。

（3）生成对抗网络。

3. 研究方法

本文的研究方法主要包括：

（1）文献研究法。

（2）实验研究法。

4. 研究计划

本文的研究计划如下：

（1）2023年10月—2023年12月：文献调研。

（2）2024年1月—2024年3月：算法设计。

（3）2024年4月—2024年6月：实验验证。

（4）2024年7月—2024年9月：论文撰写。

5. 参考文献

（略）

【点评】

该例文结构完整，内容清晰，但存在以下不足：

（1）摘要：太简单，没有概述课题的研究背景、研究内容、研究方法、研究意义等。

（2）研究背景：太过笼统，没有具体说明图像识别技术的应用领域和发展现状。

（3）研究内容：太简单，没有具体说明每种算法的原理、优缺点和应用场景。

（4）研究方法：太简单，没有具体说明文献研究法和实验研究法的操作步骤。

（5）研究计划：太简单，没有具体说明每个阶段的研究任务和预期成果。

(二)例文修改

基于深度学习的图像识别算法研究

摘要：图像识别技术是计算机视觉领域的重要研究方向，在安防监控、医疗诊断、自动驾驶等领域具有广泛的应用前景。本文针对现有图像识别算法存在的不足，提出了一种基于深度学习的图像识别算法。该算法结合了卷积神经网络、循环神经网络和生成对抗网络的优点，能够有效提高图像识别的准确率和鲁棒性。本文首先介绍了图像识别技术的研究背景和发展现状，然后详细阐述了所提出算法的原理、结构和实现方法，最后通过实验验证了该算法的有效性。

关键词：深度学习；图像识别；卷积神经网络；循环神经网络；生成对抗网络

1. 研究背景

图像识别技术是指利用计算机对图像进行分析和理解，从而识别出图像中的目标物体或场景。随着计算机技术的不断发展，图像识别技术得到了广泛的应用，例如，安防监控、医疗诊断、自动驾驶等。然而，现有的图像识别算法仍然存在一些不足，例如，识别准确率不高、鲁棒性差等。因此，研究一种新的图像识别算法具有重要的理论意义和实际应用价值。

2. 研究内容

(1)卷积神经网络(CNN)：CNN 是一种专门用于处理图像数据的深度学习模型，具有局部连接、权值共享和池化操作等特点，能够有效提取图像的特征。

(2)循环神经网络(RNN)：RNN 是一种能够处理序列数据的深度学习模型，具有记忆功能，能够捕捉图像中的时序信息。

(3)生成对抗网络(GAN)：GAN 是一种由生成器和判别器组成的深度学习模型，能够生成逼真的图像数据，并提高图像识别的鲁棒性。

3. 研究方法

(1)文献研究法：查阅国内外相关文献，了解图像识别技术的研究现状和发展趋势，为本文的研究提供理论基础。

(2)实验研究法：设计并实现基于深度学习的图像识别算法，并通过实验验证该算法的有效性。

4. 研究计划

(1)2023 年 10 月—2023 年 12 月：文献调研，了解图像识别技术的研究现状和发展趋势。

(2)2024 年 1 月—2024 年 3 月：算法设计，结合卷积神经网络、循环神经网络和生成对抗网络的优点，设计一种新的图像识别算法。

(3)2024 年 4 月—2024 年 6 月：实验验证，在公开数据集上测试所提出算法的性能，并与现有算法进行对比。

(4)2024 年 7 月—2024 年 9 月：论文撰写，总结研究成果，撰写毕业论文。

5. 参考文献

（略）

随堂练习

1. 请根据你所在专业的研究方向，撰写一份课题开题报告。

2. 请对以下毕业论文开题报告内容进行修改，使其更加符合写作要求。

当代网络文学中的女性形象塑造研究

1. 研究背景：网络文学是一种非常流行的文学形式，其中的女性形象体现了作者对女性角色的认知与理解，也在一定程度上反映了当代社会的性别观念与文化价值取向。

2. 研究内容：本课题旨在全面、系统地研究当代网络文学中的女性形象塑造。

3. 研究方法：本文采用了文献研究法和文本分析法。

4. 研究计划：

（1）2023 年 10 月—2023 年 12 月：搜集资料，设计调查问卷。

（2）2024 年 1 月—2024 年 3 月：分析已有研究成果，明确课题切入点；通过文本分析，梳理网络文学中女性形象的特点。

（3）2024 年 4 月—2024 年 6 月：形成初稿。

（4）2024 年 7 月—2024 年 9 月：修改初稿，最终定稿。

第二节　写作任务：创作学术毕业论文

情境导入

“小张，你的毕业论文初稿我已经看过了，整体框架还可以，但有些地方还需要修改，比如文献综述部分不够全面，研究方法部分不够具体。”导师的话让小张意识到，写好一篇毕业论文并非易事。毕业论文是学生学术研究成果的集中体现，是衡量学生学术水平的重要依据。如何才能写出一篇逻辑严谨、内容充实、方法科学的毕业论文呢？

一、理论讲解

（一）毕业论文的含义及分类

毕业论文是指学生在导师的指导下，独立完成的研究性论文，是学生获得学位的重要依据。根据研究领域的不同，可分为自然科学毕业论文、社会科学毕业论文和人文科学毕业论文。

（二）毕业论文的特点

1. 学术性

毕业论文应具备一定的学术底蕴与价值，其内容应基于扎实的专业知识，对特定领域的问题展开深入探究。

2. 创新性

创新性是毕业论文的关键特质。这要求研究内容具备独特的视角与思路，能够突破传统观念与方法的局限，提出新颖的观点、创新性的研究方法，或者得出全新的结论。创新元素应贯穿于研究过程与成果之中，展现学生独立思考和探索未知的能力。

3. 规范性

毕业论文在格式与语言表达上都遵循严格的规范。格式方面，应依照学校或学科的规定，涵盖标题、摘要、关键词、正文、参考文献等各个部分，且各部分的排版、字体、字号等细节都有明确要求，以确保论文的标准化与统一性。语言上，要做到准确无误，避免模糊或歧义；简洁精练，去除冗余表述。

4. 逻辑性

毕业论文应构建严谨的结构框架，各章节、段落之间逻辑连贯，层次分明。论证过程应严密周详，基于充分的证据与合理的推理。最终得出的结论要与前文的论证紧密关联，具有合理性与说服力，符合学术研究的逻辑规律。

二、写作方法

（一）毕业论文的结构

1. 标题

标题应简洁精练，点明论文的核心研究主题，使读者迅速把握研究方向。例如《基于深度学习的图像识别算法研究》。

2. 摘要

摘要应高度浓缩论文精华，简要概括研究背景，即阐述研究问题产生的现实或理论背景；概述研究内容，明确核心研究对象与范畴；说明研究方法，如实验法、文献研究法等；提炼研究结论，呈现最终研究成果。

3. 关键词

选取3~5个能准确反映论文核心概念、研究领域及关键内容的词汇作为关键词。

4. 正文

（1）引言。阐述论文的研究背景、研究意义、研究现状和研究内容。

（2）文献综述。对国内外与本研究相关的文献进行整理与论述，分析现有研究的优势与不足，基于此提出本文的研究方向，展示本研究的必要性与创新性。

（3）研究方法。说明论文的研究思路、研究方法和技术路线。

(4)论证过程。依据所阐述的研究方法，展开详细的论证。在此过程中，应严谨地呈现推理过程，运用合适的分析工具和方法处理数据或信息。

(5)研究结果。详细阐述论文的研究结果，并进行数据分析和讨论。可运用图表、数据等方式直观呈现，并与已有研究成果进行对比分析，讨论研究结果的意义与价值。

(6)结论。总结论文的研究结论，再次强调核心观点与成果，确保结论准确、简洁。基于研究结论，结合当前研究现状与发展趋势，提出未来的研究方向。

5. 参考文献

按照特定的学术规范，列出论文研究过程中引用的所有文献资料。这不仅能体现对前人研究成果的尊重，也为读者探究相关领域提供了线索。

6. 附录

附录收纳与论文研究紧密相关但不适合放入正文的资料，如详细的原始数据、复杂的图表等。

(二)毕业论文的写作要求

1. 内容充实

毕业论文的内容必须真实可靠，所涉及的数据应翔实且可验证，分析要深入透彻，基于充分的证据与合理的推理。得出的结论要合理，与前文的研究内容和分析紧密相连，具有说服力，能为学术研究或实践应用提供有价值的参考。

2. 逻辑严谨

论文结构要严谨合理，各部分之间逻辑连贯、层次分明。论证过程要严密，从提出问题、分析问题到解决问题，应遵循严谨的逻辑顺序。最终结论要基于合理的论证推导得出，符合学术逻辑与常理。

3. 语言规范

使用规范的学术语言进行写作，避免使用口语化、随意性强或带有强烈情绪化的词汇。

4. 格式规范

严格遵循学校规定的格式要求进行排版，涵盖字体、字号、行距、页边距等各个细节。规范的格式不仅能提升论文的美观度，更能体现学术的严谨性与规范性，便于论文的审阅、存档与传播。

三、案例分析

(一)负面案例

网络文学的现状与未来

(片段)

【摘要】本文讲了网络文学现在的情况，研究了它面临的问题，用了调查法，得出要改变商业化的现状才能发展的结论。

【关键词】网络文学；发展；问题

网络文学现在很火，很多人看。但也有一些问题，所以研究它很有意义。我要研究网络文学有哪些问题以及怎么解决这些问题。研究前期我看了一些文章，大家都在说网络文学发展快，看的人多，也提到了一些问题，主要是作品质量不高。我就顺着他们的想法继续研究。我用了调查法，问了身边一些看网络文学的人。问了20多个人，大家都说网络文学有些作品质量不好，太商业化。

……

网络文学质量低，商业化是主因。要提高质量，就要减少商业化。

【点评】

(1)标题。不够精准，未能突出研究核心，“现状与未来”表述宽泛，没有聚焦到“发展困境与突破”这一核心问题。

(2)摘要。内容简略，表述口语化严重，不能有效传达论文的关键信息。

(3)关键词。关键词的抽取较为简单笼统，“发展”和“问题”过于宽泛。

(4)正文。在阐述研究背景时，仅用“网络文学现在很火，很多人看。但也有一些问题”描述，过于简单随意。对前人文献的梳理过于草率，只是提及他人指出网络文学发展快和质量不高。研究方法部分太过简略，只提到使用调查法询问身边看网络文学的人，但调查对象的选取缺乏代表性，样本数量过少(仅20多人)，不能代表广大网络文学读者群体。论证过程简单粗暴，仅依据20多个身边人的观点就得出“网络文学质量低，商业化是主因”的结论，缺乏严谨的逻辑推导和充分的证据支持。结论表述过于简单，缺乏对研究结果的深入讨论和分析。另外，整体表述口语化严重。

总体而言，该论文片段在内容充实度、逻辑严谨性、语言规范性以及格式规范性(虽然未明确提及格式，但整体行文风格不规范)等方面都存在明显不足，需要进行全面修改和完善，以符合学术毕业论文的要求。

(二)例文修改

(1)标题。

修改为《论当代网络文学的发展困境与突破》，明确研究核心，使标题精准简洁，突出研究方向。

(2)摘要。

重新撰写为：“随着互联网的普及，网络文学迅速发展，但也面临诸多问题(研究背景)。本文聚焦当代网络文学，深入剖析其发展困境，如作品质量参差不齐、商业化过度等，并探讨相应的突破策略(研究内容)。通过问卷调查法，对200名不同年龄段、地域的网络文学读者及50位网络文学创作者进行调查(研究方法)。研究发现，优化创作激励机制、加强行业监管等措施有助于提升网络文学质量，促进其可持续发展(研究结论)。”

(3)关键词。

改为“当代网络文学；发展困境；突破策略；商业化；质量提升”。

(4)正文。

①引言。详细阐述网络文学在当代文化产业中的重要地位及发展态势，如市场规模、受众群体等方面的数据体现其“火”的程度。深入分析当前网络文学发展过程中出现的诸如内容同质化、低俗化等问题及其对文学发展、社会文化的影响，明确阐述研究对于推动网络文学健康发展、提升文化内涵的理论与实践意义。具体地说明将从创作环境、市场机制、读者需求等方面研究网络文学的发展困境与突破策略。

②文献综述。系统梳理国内外关于网络文学发展的相关研究文献，详细分析现有研究在网络文学发展现状、问题及对策等方面的优势与不足。例如，指出部分研究仅关注表面现象，缺乏对深层次原因的挖掘；部分研究提出的对策缺乏可操作性等。基于此，明确提出本文将从跨学科视角，综合运用文学、经济学、社会学等多学科理论，深入剖析网络文学发展困境及突破路径，突出研究的必要性与创新性。

③研究方法。详细说明采用问卷调查法，阐述问卷设计过程，包括针对读者和创作者分别设计的问题维度，如读者的阅读习惯、对作品质量的评价标准，创作者的创作动机、面临的困难等。说明调查对象的选取方式，如通过网络平台、线下活动等渠道，选取不同年龄段、地域、职业的200名读者及50位创作者作为样本。介绍调查实施过程，如发放问卷数量、回收有效问卷数量等信息，以体现研究方法的科学性与可行性。

④论证过程。对调查数据进行分类整理，运用统计学方法进行数据分析，如计算不同问题的占比、相关性分析等。结合具体数据，深入讨论网络文学发展困境的成因。与已有研究成果进行对比，分析异同点，如指出其他研究可能忽视了创作者经济利益诉求对作品质量的影响，而本文通过数据揭示了这一重要因素。

⑤研究结果。以图表形式直观地呈现调查数据结果，如不同类型问题的占比图、创作者与读者观点对比图等。详细解读数据背后的意义，结合文学理论与市场规律，深入讨论研究结果对网络文学发展的启示。

⑥结论。准确简洁地总结研究的核心成果，如：“本文通过对当代网络文学的研究，明确了创作环境、市场机制及读者需求等多方面因素对其发展困境的影响，并提出从优化创作激励机制、加强行业监管、引导读者审美等方面实现突破的策略。”基于当前网络文学的发展趋势及研究的局限性，提出未来可进一步研究不同文化背景下网络文学发展的差异，或深入探讨新技术如人工智能对网络文学创作与传播的影响等具体、有针对性的研究方向。

(5)格式。

严格按照学校要求的格式规范进行排版。

随堂练习

1. 请根据你所在专业的研究方向，撰写一篇学术毕业论文。
2. 请在以下毕业论文题目中选取一个进行修改，并给出你修改的理由。

《说说新能源汽车电池那些事儿》
《关于电子设备散热的一些探讨》
《浅聊古代诗词中的情感表达》
《经济发展与环境保护关系之探析》

第三节　沟通任务：进行论文答辩陈述

情境导入

“小王，下个月月初你就要进行毕业论文答辩了，务必认真准备。”导师严肃且充满期待的话语，让小李既兴奋，又紧张。兴奋的是，历经长时间的研究与撰写，终于要迎来能全方位展示自己心血结晶——研究成果的重要时刻；紧张的是，想到要在众多评委面前进行答辩，这对自己而言是前所未有的挑战。如何才能顺利完成这次论文答辩，将自己的研究成果清晰、准确地传达给评委，并给他们留下良好的印象呢？

一、理论讲解

（一）论文答辩的含义及分类

论文答辩是学生在完成毕业论文后，针对论文内容向答辩委员会进行的一种口头汇报活动。在答辩过程中，学生需详细陈述论文的研究背景、研究内容、研究方法以及研究结论等关键要素。依据答辩学生所处的学历层次差异，论文答辩主要分为本科毕业论文答辩、硕士毕业论文答辩和博士毕业论文答辩。

（二）论文答辩的特点

1. 目的明确

论文答辩旨在让学生向答辩委员会全面展示其研究成果，并就评委提出的疑问进行解答。通过这一过程，答辩委员会能够了解学生的研究情况，评估其学术水平与研究能力。

2. 内容真实

论文答辩所涉及的内容必须真实准确。学生应如实呈现研究过程与成果，既不能为彰显功绩而夸大研究成果，也不可因顾虑而隐瞒研究中遇到的问题。

3. 逻辑清晰

论文答辩应具备清晰的结构与分明的层次。从开场阐述研究背景，到逐步深入介绍研究内容、方法及结论，各部分之间应逻辑连贯，符合学术研究的思维逻辑。

4. 语言得体

论文答辩的语言应严谨规范，在有限时间内精准传达核心观点，体现学术表达的专业性与严肃性。

二、任务方法

(一)论文答辩的结构

1. 开场白

开场时，简洁清晰地向答辩委员会介绍自己的姓名、专业及所属院系等基本信息，随后点明论文题目。同时，以诚挚的态度感谢各位评委拨冗出席，营造良好的开场氛围。例如："尊敬的各位评委老师，大家好！我是[院系][专业]的[姓名]，今天非常荣幸能够在这里，为大家展示我的毕业论文，题目是《[论文具体题目]》。在此，我衷心感谢各位老师抽出宝贵时间参与我的论文答辩。"

2. 主体

(1)阐述论文的研究背景、研究意义和研究现状。

(2)明确论文的研究对象、研究目标和研究内容。

(3)说明论文的研究思路、研究方法和技术路线。

(4)总结论文的研究结论，并提出未来研究方向。

3. 结尾

结尾部分应对整个答辩内容进行简要回顾与总结，再次强调论文的核心要点。以谦逊、诚恳的态度表达对评委的感谢之情，感谢他们在答辩过程中的专注聆听与指导。最后，热情欢迎评委老师提问，展现积极配合、乐于交流的态度。

(二)论文答辩的要求

1. 内容充实

论文答辩的内容要真实准确，数据翔实，分析透彻，结论合理。

2. 逻辑清晰

论文答辩的整体结构应精心构建，做到清晰合理、层次分明。从研究背景的引入，到研究内容、方法的阐述，再到结论的得出，都应环环相扣，形成一个完整的逻辑链条。

3. 语言得体

在论文答辩中，应使用规范的学术语言，彰显学术的严肃性与专业性。

4. 重点突出

由于答辩时间有限，语言表达必须简洁明了，突出重点。答辩者应避免冗长拖沓的叙述，对核心研究内容、关键方法以及重要结论进行着重阐述。

三、案例分析

(一)案例点评

小李的毕业论文题目是《社交媒体对当代大学生人际交往的影响研究》，以下是他答辩过程中的陈述内容：

大家好！我叫李××，是人文学院社会学专业的。今天来给大家讲一下我的论文，题目是《社交媒体对当代大学生人际交往的影响研究》。嗯，谢谢老师们来听哈。

当下，社交媒体在大学生群体中广泛应用，改变着他们的生活。研究这个课题，能让我们更了解大学生的社交状况。之前也有不少相关研究，但我觉得都不够全面，所以我想来做更深入的探讨。(研究背景)

我主要研究社交媒体对大学生人际交往的影响，包括积极和消极方面。目标是弄清楚社交媒体怎样影响大学生交友、交流这些方面。研究内容就是分析大学生使用社交媒体的习惯，还有这些习惯对他们现实和线上人际交往的作用。(研究内容)

我采用了问卷调查法和访谈法。问卷发给了我们学校不同专业的200名学生，问了他们使用社交媒体的频率、用途之类的问题。访谈选了20个同学，深入了解他们的感受。最后把问卷数据统计分析，结合访谈内容得出结论。(研究方法)

经过研究，发现社交媒体对大学生人际交往既有促进作用，像方便联系老朋友、认识新朋友；也有消极影响，比如减少了面对面交流时间。未来可以进一步研究怎么引导大学生更好地利用社交媒体。(研究结论)

以上就是我的答辩内容，谢谢老师，老师们可以提问了。

【点评】

优点：

答辩过程结构完整，包含了开场白、研究背景、研究内容、研究方法、研究结论等基本要素。在研究方法的阐述上，学生能够清晰提及采用问卷调查法和访谈法这两种常见且合适的研究方法，显示出对基本研究手段的正确认知与运用。同时，在研究结论部分，能够简洁明了地概括出社交媒体对大学生人际交往存在积极与消极两方面影响，表明学生对研究核心内容有基础的提炼和总结能力。

缺点：

(1)开场白。整体表述较为平淡，只是简单介绍自己和论文题目，感谢的话语缺乏诚意，没有营造出积极、尊重的氛围，难以给评委留下良好的第一印象。

(2)主体。

①研究背景：阐述较为笼统，只泛泛提及社交媒体在大学生中的应用及前人研究不

全面，没有具体说明前人研究的不足在哪里，也未阐述研究的理论和现实意义。

②研究内容。虽然提及研究社交媒体对大学生人际交往的影响，但表述较为宽泛，没有明确研究的具体维度和重点，研究目标不够清晰明确，研究内容缺乏细化。

③研究方法。虽然说明了采用问卷调查法和访谈法，但对问卷设计的科学性、样本选取的合理性缺乏阐述，如问卷问题设计的依据是什么等。

④研究结论。结论部分过于简单，只是列举了社交媒体对大学生人际交往的积极和消极影响，没有深入分析背后的原因和机制，提出的未来研究方向也比较宽泛。

(二)案例修改

经过修改，小李的毕业论文答辩陈述更完善了：

尊敬的各位评委老师，大家好！我是人文学院社会学专业的小李，非常荣幸今天能够在这里向各位老师展示我的毕业论文，题目是《社交媒体对当代大学生人际交往的影响研究》。在此，我衷心感谢各位老师在百忙之中抽出宝贵时间参与我的论文答辩。

随着信息技术的飞速发展，社交媒体在当代大学生的日常生活中扮演着日益重要的角色。据第×次中国互联网络发展状况统计报告显示，大学生群体的社交媒体使用率接近×%。已有研究多从宏观层面探讨社交媒体对大学生社交行为的影响，对于不同社交媒体平台在大学生人际交往中的差异化作用，以及个体心理因素在这一过程中的调节机制研究尚显不足。本研究旨在填补这一空白，从微观层面深入剖析社交媒体对大学生人际交往的影响，不仅有助于丰富人际交往理论在新媒体环境下的应用，也能为高校开展大学生心理健康教育与社交引导提供实践参考。

本研究聚焦于社交媒体平台特性、大学生个体心理因素与人际交往之间的复杂关系。具体研究对象为[具体地区][具体范围]内多所高校的大学生。研究目标是明确不同社交媒体平台(如微信、微博、抖音等)对大学生人际交往在互动频率、关系亲密度和社交满意度等维度的影响，并揭示个体心理因素(如孤独感、自我表露需求等)在其中的调节作用。为达成这一目标，研究内容涵盖……

本研究综合运用问卷调查法和访谈法。在问卷设计上，借鉴国内外权威量表，并结合预调研结果进行优化，确保问卷的效度和信度。样本选取采用多阶段分层随机抽样，从[具体地区]的×所高校中，按照不同学科门类、年级分层，共抽取500名大学生作为问卷调查对象。问卷内容涵盖社交媒体使用情况、个体心理特征以及人际交往状况等方面。同时，从问卷样本中选取具有代表性的30名学生进行深度访谈，以获取更丰富的质性资料。在数据分析阶段，运用××软件……

通过严谨的数据分析和质性研究，本研究得出以下结论：其一，不同社交媒体平台对大学生人际交往的影响存在显著差异。微信主要促进了强关系的维护，微博则在拓展弱关系方面作用明显，而抖音更多地影响了大学生的社交娱乐体验。其二，个体心理因素在社交媒体与大学生人际交往关系中起到重要的调节作用。例如，孤独感较高的大学生更倾向于通过社交媒体寻求情感支持，但过度使用可能导致现实人际交往质量下降。基于此，未来研究可进一步……

综上所述，本次研究围绕社交媒体对当代大学生人际交往的影响展开深入探究，从平台差异和个体心理因素调节作用两个关键方面揭示了其中的复杂关系。再次感谢各位评委老师在答辩过程中的专注聆听与悉心指导。接下来，我诚挚期待各位老师提出宝贵问题，我将认真、详尽地予以回答。

随堂练习

1. 请根据你所在专业的研究方向，撰写一份论文答辩陈述稿。
2. 请分析评价下面论文答辩案例中的语言表达。

老师提问："小王同学，你在论文里提到了当前网络侵权案件中证据保全的新挑战，能详细说说这些挑战具体体现在哪些方面，以及你提出的应对策略的法律依据是什么吗？"

小王回答道："老师，那些挑战，就是网络证据容易灭失呀，还有取证难这些。大家都知道现在网络变化快得很，证据一下子就没了，取证又要专业技术，一般人搞不定。至于应对策略的法律依据，《民事诉讼法》里肯定有相关规定。"

第四节　沟通任务：参与学术交流发言

情境导入

"小李，下个月的行业顶尖学术会议，咱们课题组决定派你去发言，这可是个难得的机会，一定要精心准备。"导师的嘱托，让小李内心波澜起伏。能在这样高规格的平台上展示自己团队的研究成果，与业内精英交流思想，这无疑是对自身能力的高度认可。然而，面对众多学术权威和同行，自己从未有过在如此专业的场合发言的经历，生怕表现不佳。怎样才能在这次学术交流发言中脱颖而出，清晰精准地传达研究成果，与同行展开富有成效的互动，碰撞出更多思维火花呢？

一、理论讲解

(一)学术交流发言的含义及分类

学术交流发言是指在学术会议、研讨会等场合，学者们围绕特定主题进行研究成果分享、观点交流和学术探讨的活动。根据发言形式的不同，可分为主题报告、分组讨论等。主题报告通常由一位学者针对特定主题进行较为系统、全面的阐述；分组讨论则是在小组范围内，各位学者就相关议题发表见解、互动交流。

（二）学术交流发言的特点

1. 学术性

学术交流发言的内容必须具备学术价值。这要求发言不仅要基于扎实的研究基础，还要展现出对所在领域前沿问题的洞察。

2. 互动性

学术交流发言并非单向的信息传递，而是高度重视与听众之间的互动。发言者通过营造开放的交流氛围，积极鼓励听众提问、发表不同观点并展开讨论。

3. 时效性

在快速发展的学术环境中，学术交流发言的内容必须保持新颖性，及时反映最新的研究动态。

4. 规范性

学术交流发言的格式要规范，语言要准确、简洁。使用专业术语时应恰当且精准，尽量使听众能够理解复杂的学术内容。

二、任务方法

（一）学术交流发言的结构

1. 开场白

简要介绍自己和发言的主题，并感谢主办方的邀请。例如："尊敬的各位同仁，大家好！我是[姓名]，来自[单位名称]。非常荣幸能够受到本次活动主办方的盛情邀请，今天我发言的主题是[具体主题]。"

2. 主体

（1）研究背景与动机。用生动且简洁的方式开启话题，分享是什么引发了这项研究。可以结合实际生活中的现象、学术领域的争议点，或是未解决的问题，阐述研究的背景。

（2）核心研究内容。直接点明研究的核心对象，例如："我们此次研究聚焦于[具体研究对象]，它在[相关领域]中起着关键作用。"然后阐述研究目标，如"简单来说，我们希望弄清楚[具体目标，如某种关系、某个机制等]"，并详细介绍为实现目标所采取的研究路径。

（3）研究方法与创新点。重点突出研究方法的独特之处或创新点，如："与以往研究不同的是，我们在此基础上进行了[具体创新内容]，这一改进使得我们能够[阐述创新带来的优势]。"如果有团队协作或跨学科融合，也要适当提及，展示研究的多元性。

（4）关键研究发现与结论。以清晰明了的方式呈现关键研究发现，如："经过深入研究，我们有了一些重要发现。其中最突出的是[核心发现]，这表明了[核心发现的意义]。此外，我们还发现[其他重要发现]。"总结研究结论，强调其对学术领域或实际应用的贡献，同时坦诚地提及研究的局限性。

(5)未来展望。基于研究结论和当前领域的发展趋势，提出未来研究方向。可以从深化现有研究、拓展应用范围、解决局限性等角度出发。

3. 结尾

总结整个发言，向听众表达感谢，并欢迎其提问。如："综上所述，本次发言围绕[主题]，从研究背景、内容、方法到结论进行了阐述。非常感谢各位同仁的聆听，欢迎大家提出宝贵问题，我们共同探讨。"

(二)学术交流发言的要求

1. 内容充实

学术交流发言的内容必须建立在坚实的研究基础之上，确保真实准确，经得起学术推敲与实践检验。

2. 逻辑清晰

发言的整体结构应精心构建，做到清晰合理、层次分明。

3. 语言得体

在学术交流发言中，应使用规范、正式的学术语言，彰显学术的严肃性与专业性。

4. 重点突出

由于学术交流的时间有限，语言表达必须简洁明了，重点突出。

三、案例分析

在一场教育领域的学术会议上，小赵围绕"线上教育对农村地区中学生学习效果的影响及优化策略"进行学术交流发言，以下是发言的主要内容：

尊敬的各位专家、学者，大家好！我是来自[单位名称]的小赵，十分荣幸能够在此次学术会议上发言，感谢主办方精心组织此次盛会，给我这个宝贵的机会。今天，我要和大家分享我们团队关于线上教育在农村地区中学生学习过程中所产生的影响及优化策略的研究。

随着信息技术的飞速发展，线上教育在教育领域迅速普及。然而，城乡教育资源存在显著差距，农村地区在硬件设施、师资力量等方面相对薄弱。在此背景下，线上教育能否突破地域限制，为农村中学生提供更优质的教育资源，改善他们的学习效果，成为教育界关注的焦点。我们发现，目前针对这一领域的研究虽然不少，但大多集中在理论探讨，缺乏深入的实证研究。基于此，我们希望通过实证研究，深入了解线上教育对农村地区中学生学习效果的实际影响，为提升农村教育质量提供切实可行的建议。

我们将研究对象锁定为[具体省份]多个农村地区的中学生。研究目标是明确线上教育对农村中学生学习成绩、学习兴趣、学习自主性等方面的影响，并探寻有效的优化策略。为实现这一目标，我们从线上教育资源的获取与利用情况、学生的学习习惯与反馈、教师的线上教学模式与指导等多个维度展开研究。

研究发现，线上教育对农村中学生的学习成绩有一定提升作用，尤其在数学、英语等学科表现较为明显。线上丰富的教学资源激发了部分学生的学习兴趣，提高了他们的学习自主性。然而，我们也发现，家庭学习环境较差、缺乏家长有效监督的学生，线上学习效果并不理想。此外，教师线上教学能力的差异也对学生学习效果产生了显著影响。基于这些发现，我们得出结论，线上教育为农村地区中学生带来了新的学习机遇，但要充分发挥其优势，需要关注学生家庭环境的差异，加强对教师线上教学能力的培训。本研究的局限性在于，研究范围仅局限于一个省份的农村地区，可能无法完全代表全国农村地区的情况。

未来，我们计划扩大研究范围，涵盖更多不同经济发展水平地区的农村中学，以更全面地了解线上教育在农村地区的实施效果。同时，我们希望与教育部门、学校合作，共同开发更贴合农村学生需求的线上教育资源，并建立教师线上教学能力提升的长效机制，切实推动农村教育质量的提升。

以上就是我关于"线上教育对农村地区中学生学习效果的影响及优化策略"的发言，感谢大家的聆听。

【评价】

优点：

（1）结构清晰。发言整体结构清晰，遵循了学术交流发言常见的模式。开场通过自我介绍、表达感谢引入主题；主体各部分过渡自然，逻辑连贯，便于听众理解研究的整体脉络。

（2）背景阐述贴合实际。对研究背景的描述紧密结合现实情况，指出信息技术发展下线上教育普及，但城乡教育资源差距使农村地区面临困境，精准定位当前研究多为理论探讨、缺乏实证的现状，从而清晰地阐述了开展此项实证研究的必要性与意义。

（3）研究内容明确具体。明确锁定研究对象为特定省份多个农村地区的中学生，研究目标清晰，多维度的研究设计也具有系统性和全面性。

（4）学术态度严谨。既肯定线上教育的机遇，又提出针对性的优化策略，且坦诚指出研究范围的局限性，体现出严谨的学术态度。

（5）未来展望合理可行。未来计划具有合理性与可行性，一方面扩大研究范围以增强研究普适性，另一方面希望与教育部门、学校合作开发资源，建立教师能力提升机制，紧扣研究主题。

缺点：

（1）互动性不足。整个发言过程中，未主动设置与听众互动环节，未能充分调动听众参与度。

（2）缺乏研究方法阐述。仅表明从多维度展开研究，但具体运用何种研究方法，如调查法、实验法等，以及如何实施这些方法，并未详细说明。

（3）创新性体现不够。对于自身研究的创新性表述不足，未突出与其他实证研究相比，本研究在视角、方法或观点等方面有何独特之处。

(4)缺乏数据支撑。在阐述研究发现时，仅用定性描述说明线上教育对学习成绩等方面的影响，缺乏具体数据支撑，如学习成绩提升的幅度、受家庭环境和教师能力影响的具体比例等，降低了研究发现的说服力与可信度。

随堂练习

1. 请根据你所在专业的研究方向，撰写一份学术交流发言稿。

2. 请对以下学术交流发言内容进行修改。

在本次关于城市规划的学术交流中，我想分享下我们团队对老旧城区更新改造的研究。随着城市发展，老旧城区出现诸多问题，像基础设施老化、空间利用不合理等。我们研究就是想改善这些情况。通过实地考察和分析资料，我们发现很多老旧城区公共空间不足。所以结论是要增加公共空间，未来也打算继续研究怎么更好地规划这些空间。

拓展项目
完成跨文化交际

情境导入

在如今的大学校园里，国际化交流活动越来越多。大家或许参加过国际学术会议，在会场上与来自世界各地的学者交流学术见解；或许参加过校园国际文化节，品尝各国美食、欣赏特色表演；又或许在日常学习生活中，结识了不少来自不同国家的留学生朋友。在这些交流互动里，是不是经常会碰上一些让人印象深刻的“小状况”呢？

有位同学就讲过这样一件事。在一次小组作业讨论中，要确定最终方案。中国学生小李在提出自己的想法时，先是铺垫了很多背景信息，然后才委婉地说出自己的核心观点，还补充说“这只是我的一点浅见，大家可以再商量”。而来自美国的同学汤姆，一开口就直接表明：“我觉得这个方案最好，理由有三点……”这两种截然不同的表达方式，让小李觉得汤姆太过于强硬、不够谦虚，汤姆则认为小李说话太绕、不够高效，双方因此产生了一些小小的误会。

还有一次，在国际文化节的展示活动中，中国学生准备了精美的传统手工艺品展览，还贴心地安排了详细的文字介绍。然而，不少外国同学在参观时，更希望有工作人员现场讲解，实时互动。这一情况体现出不同文化对于信息获取方式的偏好差异。

学习跨文化交际，不仅是语言能力的拓展，更是理解差异、建立共识、促进融合的能力培养。通过本项目的学习，同学们将能够认识不同文化下的语境特征与交际礼仪，掌握应对跨文化障碍的方法。

一、理解语境差异

在语言交流中，“语境”扮演着至关重要的角色。所谓语境，是指语言使用的具体环境，它不仅包括表达的上下文和交流发生的实际场景，还涵盖了参与者的背景知识、文化传统和社会习俗。例如，如果有人说“明天我有个重要的事情”，我们很难准确理解其含义。但如果放在“明天我要参加一场重要的考试”这样的语境中，意思就一目了然。

语境可以进一步分为情境语境与文化语境。情境语境指的是交流发生时的时间、地点、参与者等具体场景。例如在课堂上，老师说“请大家安静一下”，同学们会很自然地停止说话；但若没有课堂这个情境作为背景，这句话的含义就可能变得模糊。而文化语境则更深层，它指的是某一文化群体在长期发展中形成的价值观、风俗习惯等。例如，中国文化中，“梅兰竹菊”常被用作高尚人格的象征；而在西方文化中，这些植物可能并不承载如此含义。再如西方文化中的“感恩节”，对西方人来说是一个重要的家庭团聚、感恩的节日，与之相关的语言表达和文化活动都围绕着感恩的主题展开；而在中国，虽然也有感恩的文化观念，但并没有与之对应的特定节日和语言表达体系。

在跨文化交际中，我们往往会面对“高语境”与“低语境”的文化差异。高语境交际是指在交际过程中，大量信息并非通过明确的语言表达，而是蕴含在交流的语境、参与者的背景以及彼此的默契之中。在高语境文化中，交际就像一场需要细心解读的“暗语”游戏，很多意思不点自明。例如在一些亚洲国家，当人们拒绝别人的邀请时，可能不会直接说“不”，而是用一些委婉的表述，如“我看看时间，可能有点忙”，对方需要结合当时的语境和彼此的关系，才能领会其中拒绝的意思。高语境交际非常依赖非语言信息，如眼神、手势、表情等。一个眼神、一个动作，往往能传达丰富的含义。在中国，当人们表示赞同的时候，可能会微微点头；表示不满时，可能会皱起眉头。同时，高语境文化下的交际注重关系的建立和维护，在正式交流之前，通常会花费一定的时间进行寒暄，增进彼此的了解和信任。例如，在商务谈判前，双方可能会先聊聊家庭、兴趣爱好等话题，营造友好的氛围，为后续的谈判奠定基础。

低语境交际是指在交际中，信息主要通过明确、直接的语言来传达，较少依赖隐含的语境信息。在低语境文化中，交际就像一张清晰的地图，所有信息一目了然。低语境文化下的人们在表达自己的观点时，会直接阐述自己的立场和理由，并且会使用具体的数据、事例来支持自己的观点。比如在一场学术讨论中，来自低语境文化的学者会直接指出自己的研究成果和发现，然后详细阐述研究的方法、过程和结论，逻辑严谨，条理清晰。总的来说，低语境交际更注重交流的效率，不太强调人际关系的铺垫。在商务交流中，低语境文化的代表可能会直接切入主题，讨论合作的具体条款和细节，而不会花太多时间在寒暄上。

二、掌握礼仪差异

跨文化交际中，礼仪方面的差异同样显著。称谓是一个典型例子。在中国，人们习惯使用尊称，如“王教授”“张局长”；而在西方文化中，哪怕面对长辈或上司，也常常可以直呼其名，只要彼此关系较为熟络。例如在一些欧美家庭，孩子甚至可以直接称呼父母的名字，这在中国是很少见的。

打招呼的方式也反映文化差异。在中国，我们常以“吃了吗?”“去哪儿啊?”作为寒暄语，并不是真的想了解对方吃饭与否。而西方国家则习惯于“Hello!”“How are you?”这类问候，回应也较为固定，如“Fine，thank you”。如果不了解文化背景，一个外国朋友听到“吃了吗?”，可能会误解为对方邀请他吃饭，造成尴尬。

在拜访礼仪上，中国人往往会提前预约，并带上礼物如水果、点心等，以示礼貌；到访后通常不会随意走动，而是由主人引导。而在一些西方国家，客人可以自由参观主人的家庭空间，礼物并非必需，带太贵重的礼物还可能显得拘谨。

中国传统文化讲究“自谦”，如说“我才疏学浅”；而西方文化鼓励自信表达，特别是在职场中，人们介绍自己的工作成果时会直接说明其价值，并不觉得这样做有失谦逊。

在恭维方面，中国人往往用“哪里哪里”来回应赞美，而西方人则直接说“Thank you”。道歉方式也不同：中国人更习惯于含蓄表达，如“给您添麻烦了”；西方人则习惯于清楚地说出“I'm sorry”并说明原因。

三、应对跨文化障碍

在实际交流中，跨文化障碍通常表现在语言和文化两个方面。

语言方面的障碍首先是语音问题。例如，英语中的咬舌音“th”对中国人来说不易掌握，而汉语的声调系统也让很多外国学习者头疼。此外，一词多义也常常造成误解，如“bank”既指“银行”，也指“河岸”；中英文中可互译的词汇，其文化意涵却可能大相径庭，如汉语的“龙”是祥瑞化身，而“dragon”在基督教传统里却常被塑造成邪恶的怪兽。颜色词也会引发误解，比如汉语的“青色”，在英语中就难以找到能准确对应的词语。

习语方面，英语和汉语都拥有大量结构固定、整体含义特殊的表达方式。英语说“kick the bucket”并非真去“踢水桶”，而是婉指“死亡”；汉语讲“叶公好龙”也不是描绘叶公赏龙，而是讥笑那些口称爱好却心怀畏惧的人。若不了解背后的文化典故，就难以捕捉其真实含义。

文化障碍通常表现为习俗、价值观、禁忌等方面的差异。不同文化的用餐习惯、节日庆典、交往礼节等可能存在显著区别。西方文化往往更强调个人主义价值观，而中国文化通常更注重集体协作精神。此外，数字、颜色、动物在不同文化中的象征意义也存在差异。在西方，数字“13”被视为不吉利，很多楼层和房间号会跳过13；而在中国，数字“4”因为和“死”谐音，在一些场合也被视为不吉利。在中国，蝙蝠因为“蝠”和“福”谐音，被视为福气的象征；但在西方，蝙蝠常和黑暗、邪恶联系在一起。

当我们初到一个陌生的文化环境中，很可能会经历“文化休克”。开始时我们感到新鲜、兴奋，这被称为“蜜月期”；随着时间的推移，语言沟通、行为模式、文化观念上的差异会让我们逐渐感到焦虑甚至抵触，这是“休克期”；若能调整心态、主动适应，就会进入“恢复期”；最终，当我们能够自如地生活、交流，并欣赏和理解新文化时，便达到了“适应期”。

克服文化休克的关键在于提高语言水平、主动交际、深入了解文化背景，并以开放的态度融入当地生活。

四、案例

[案例一]字幕专家韩静教授在为《非诚勿扰》制作英文字幕时发现，男嘉宾一句“我觉得我们可以再了解一下”原本是高语境里的委婉拒绝，若直译成“I think we can get to know each other more”，英语观众会误以为他仍想继续交往，于是字幕组只得补上一句“but just as friends”，把潜台词显性化，从而让低语境观众准确领会其中真意。

[案例二]某年春节，美国一所私立大学举办中国新年晚会。晚会后的答谢餐会采取自助形式，留学生小李兴奋地往盘子里盛满饺子和糖醋排骨，仍站在原地张望。负责现场的美国老师随口提醒：“Finish your food and come back for more.”(吃完再来添)。在高语境文化中成长、又身处“代表中国学生”角色的小李，把这句直白的低语境表达解读为公开批评，当场觉得“失了面子”，跑出会场大哭。最终，在双方多次解释下，老师为自己的无心冒犯道歉，小李也意识到差异缘于高低语境的碰撞。

随堂练习

1. 如果你邀请一位来自高语境文化国家的朋友来家里做客，你会如何根据对方的文化特点安排拜访流程和交流方式？请详细阐述。

2. 请列举至少两个不同国家在恭维语和道歉语方面与中国的差异，并分析背后的文化原因。

3. 如果你前往澳大利亚交换学习，可能会遇到哪些语言和文化障碍？你将如何应对？

参考文献

[1]蒋红梅，张晶，罗纯．演讲与口才实用教程(第3版)[M]．北京：人民邮电出版社，2018.

[2]张子泉，张秀红，杨晓霞，马健．演讲与口才实用教程(第2版)[M]．北京：清华大学出版社，2019.

[3][美]卢卡斯．演讲的艺术(第13版)[M]．顾秋蓓，译．北京：外语教学与研究出版社，2021.

[4]丁亚玲．口才与演讲训练教程(第3版)[M]．北京：高等教育出版社，2021.

[5]杨现钦．口才训练教程[M]．北京：中国农业出版社，2020.

[6]高雅杰．实用口才训练教程(第2版)[M]．北京：清华大学出版社，北京交通大学出版社，2016.

[7]王用源，俞秀梅，付安莉．职业素养与能力：礼仪·沟通·写作[M]．北京：人民邮电出版社，2023.

[8]斯静亚．职场礼仪与沟通[M]．北京：高等教育出版社，2021.

[9]张彤．社交礼仪与交往艺术[M]．西安：西安电子科技大学出版社，2021.

[10]林友华．社交礼仪(第2版)[M]．北京：高等教育出版社，2019.

[11]刘平青．会议沟通巧技能[M]．北京：电子工业出版社，2017.

[12]王用源．中文沟通与写作(第2版)[M]．北京：机械工业出版社，2021.

[13]张祥平，金敏，张鹏振．沟通与写作[M]．武汉：华中科技大学出版社，2019.

[14]徐中玉．应用文写作(第6版)[M]．北京：高等教育出版社，2023.

[15]柳胜辉．财经应用文写作(第2版)[M]．北京：高等教育出版社，2024.

[16]路德庆．普通写作学教程(第4版)[M]．北京：高等教育出版社，2010.

[17]李振辉．应用文写作实训教程(第3版)[M]．北京：机械工业出版社，2023.

[18]岳海翔．公文写作教程(第3版)[M]．北京：高等教育出版社，2021.

[19]杨德慧．商务策划文案写作(第5版)[M]．北京：首都经济贸易大学出版社，2024.